Otto Donner

Die finnischen Sprachen

Das Personalpronomen

Otto Donner

Die finnischen Sprachen
Das Personalpronomen

ISBN/EAN: 9783743389250

Hergestellt in Europa, USA, Kanada, Australien, Japan

Cover: Foto ©ninafisch / pixelio.de

Manufactured and distributed by brebook publishing software (www.brebook.com)

Otto Donner

Die finnischen Sprachen

DAS PERSONALPRONOMEN

IN DEN

ALTAISCHEN SPRACHEN

VON

Dr. O. DONNER.

I.

DIE FINNISCHEN SPRACHEN.

BERLIN
FERD. DÜMMLER'S VERLAGSBUCHHANDLUNG
HARRWITZ UND GOSSMANN
1865.

Inhalt.

	Seite
Veränderung des Altaischen wortstamms überhaupt	1
Veränderung des wurzelvocals, besonders im Ostjakischen	2
Im personalpronomen	3
Aufgabe der untersuchung	4
Pronominalbildung im Indoeuropäischen	5
1. Das pronomen im Finnischen	6
Lönnrot's und Castréns ansichten	7
Charakterbuchstabe	8
Das n unwesentlicher zusatz	9
Ursprünglicher charakter	12
Einfache formen	12
Gesetz der umgestaltung	16
Dritte person	18
Rückblick	21
2. Das pronomen im Estnischen und Livischen	22
3. Im Lappischen	24
4. Im Syrjänischen	28
5. Im Wotjakischen	35
6. Im Mordvinischen	37
7. Im Tscheremissischen	41
8. Im Ungarischen	44
9. Im Ostjakischen	47
Uebersicht	51

Die transscription

der fremden wörter ist, mit geringen abweichungen, nach dem systeme von prof. Lepsius. Sonach lautet:

a wie im deutschen *mann*.
o engl. *all, hot*.
u die deutsche aussprache in *und*, franz. *nous*.
e deutsch. *verstand*.
i engl. *see*.
ı̣ das harte russische ы.
ä, ö, ü den deutschen lauten entsprechend, aber breiter.
č, ǰ palatallaute, engl. *ch* und *j*.
c wie im deutschen, = *ts*.
t′ vereinigung von *t* und *l*.
ṭ linguales *t*.
k̍, ǵ, ć, ľ, m′, ń, ś doppellaute, entstanden durch mouillirung des betreffenden consonanten, also *kj, gj, tsj* u. s. w.
š deutsch. *schon*, ž franz. *jeune*.
s hart wie im engl., z wie im franz.
v deutsch *wenn*, w engl. *we*.
y engl. *year*.
ṅ ng in engl. *singing*.
ħ rauheres *h* wie das russische х.
‛ mit einem consonanten vereinigt = starke aspiration,
’ spir. lenis, ā langes *a* u. s. f.

Es ist in der vergleichenden sprachwissenschaft beinahe zum glaubenssatz geworden, es bleibe der wortstamm in den Altaischen sprachen beim antritt der nominal- und verbal-endungen unverändert. Nur vom phonetischen einflusse abhängende veränderungen des auslauts gebe es, eine innere umwandlung des wortstammes sei aber als „dem turanischen geiste überhaupt völlig undenkbar" anzusehen. Wie solchen behauptungen gegenüber z. b. das Finnische wort *lapsi*, kind, im essiv, mit der kasusendung *na*, *lasna* oder *lassa* werden kann, mag dahingestellt sein. Es giebt aber in den Altaischen sprachen mehrere erscheinungen, die hinreichend sind eine derartige ansicht umzustofsen, wenigstens was das ganze gebiet jeder einzelnen dieser sprachen betrifft.

Ueberblickt man das ganze gebiet im allgemeinen, so erkennt man, dass die veränderungen des wortstammes gewöhnlich nur beim auslaut vorkommen; z. b. Finnisch *tuli* feuer, gen. *tule-n*; *lahna* brachsen, infin. plur. *lahno-ya*; Ostjakisch *áda* imperat. schlafe, prät. *áde-m*, *ónet* horn, plur. *óndet* statt *ónedet*. Sie zeigen sich auch in der erweichung einiger consonanten im stamme; eine solche erweichung erleidet im Finnischen *k*, *t* und *p*, z. b. *rako* spalte, gen. *ra'on*, *pata* kessel *padan*, *hampaha* nominat. *hammas*. Einige dieser sprachen haben doch auch veränderungen des stammvocals aufzuweisen. Im Lappischen sind die diphthongen *oa, uo, uö, ie* in der stammsilbe veränderlich, und zwar werden sie *o, u, i*, d. h. sie nehmen wieder ihren ursprünglichen vocal auf, der vom einflusse des starken accents an mehreren stellen erweitert war. In demselben falle wird *eä* zu *e*, *äu* und *äi* zu *eu* und *ei*. Z. b. *suolo* insel, gen. *sullu*; *goatte goďid*; *gietta gitti*. Diese zur verstärkung des wortstammes dienende erweiterung geschieht im Lappischen auch durch einen consonanten. Aus der gemeinsamen wurzel *san* bildet das Finnische *san-a* wort, *san-on* ich sage, das Lappische *sadn-e* wort. Eine veränderung des diphthongischen vocals leiden auch im Finnischen einsilbige wörter vor den pluralen *i*; z. b. *suo*, plur. nom. *suot*, ablativ aber *soille*; *tie*, *tiet*, *teille*. Hier ist auch die im Syrjänischen vorkommende verlängerung des stammvocals, welche bei der declination stattfindet, zu erwähnen. Ein mit *l* auslautendes wort wirft dies im nominativ und vor endungen, welche mit einem consonanten anfangen, weg und verlängert den vorhergehenden vocal. Z. b. stamm *nül*, nominat. *nü* mädchen, instrum. *nülän*, st. *sol*, nom. *só*, iness. *solün*. Auch eine zusammenziehung findet im stamme statt.

Noch deutlicher zeigt sich die umwandlung des wortstammes im Ostjakischen. Castrén sagt hierüber: „Die vocale des wortstamms sind in allen finnisch-tatarischen sprachen keinen besondern veränderungen unterworfen, was man auch als einen charakteristischen zug der ganzen sprachclasse angeführt hat. Eine merkwürdige ausnahme bilden in dieser hinsicht die beiden Surgut-dialekte (des Ostjakischen), in denen die stammvocale ebenso leicht verändert werden können, wie in den Germanischen sprachen. Diese erscheinung ist um so mehr zu beachten, als hier nicht so sehr die kurzen vocale, die in andern verwandten sprachen bisweilen schwankend sind, sondern hauptsächlich die langen stammvocale verändert werden."[1]

Diese veränderung findet gewöhnlich statt:

a) beim nomen in verbindung mit den personalsuffixen.

b) beim verbum im präteritum des indicativs und in dem particip. bisweilen auch im imperativ.

---

[1] M. A. Castrén, Versuch einer Ostjakischen Sprachlehre s. 8.

Es werden sonach verändert:
1. *o* und das tiefe *a* in *u*, z. b. *pôm* gras, *pûmen* mein gras; *ámett'en* setzen, präter. *ûmdem*.
2. *a* und *e* in *i*: *át* nacht, *item* meine nacht; *lêk* spur, *likam* meine spur; *ydńdem* prät. spinnen, imper. *yińde*.
3. *ô* in *ü*: *kôr* ofen, *kûrem* mein ofen.
Dieser vocalwechsel kommt auch im Irtysch-dialekte in abgeleiteten formen vor.

Aus dem angeführten erhellt schon ein streben, die verschiedenen beziehungen der wörter durch innere umwandlung des wortstammes zu bezeichnen. Es ist aber dieses princip bei der declination und conjugation im Ostjakischen nicht völlig durchgeführt, in den andern sprachen desselben stammes finden sich nur leise spuren davon. Dies verhältniss würde daher eine räthselhafte ähnlichkeit mit den veränderungen des stammes in den Indoeuropäischen sprachen darbieten, sogar von diesen entlehnt scheinen können, wäre es nicht möglich auf einem anderen gebiete des ganzen sprachstamms dieselben erscheinungen nachzuweisen. Und dies gebiet ist auch wirklich vorhanden: es ist das personalpronomen. Schon 1836 hat W. Schott auf diesen merkwürdigen umstand in einigen Hochasiatischen sprachen hingewiesen. Er sagt nämlich: „Die Mandschusprache hat zur bezeichnung des plurals im personalpronomen andere wörter, als diejenigen, die den singular charakterisiren, nämlich *be* wir (*bi* ich); *sue* ihr (*si* du); *je* sie (*i* er). Die beiden ersten pluralformen zeigen nur alteration des vocals zum ausdruck des begriffes der mehrheit. Ebenso steht im Mongolischen dem *či* (*tsi*) du, ein *te* für ihr gegenüber; eben so ist im Magyarischen *én* ich, und *mi* wir — *te* du und *ti* ihr."[1] Vom stillen ocean bis zum Botnischen meerbusen, — eine ausdehnung von etwa 1000 meilen, — bei völkern, von denen man historisch nicht nachweisen kann, dafs sie mit einander in berührung gekommen wären, findet dennoch, be-

---

[1] W. Schott, Versuch über die Tatarischen sprachen. Berlin 1836 s. 59.

sonders im pronomen, eine erstaunliche materielle übereinstimmung statt und lässt sich zugleich diese vocalveränderung des wortstammes aufzeigen. Dass aber dies verhältnifs als allgemeines gesetz gilt, ist meines wissens bisher von keinem forscher hervorgehoben worden, und dennoch ist es ein zug, der den keim einer ganzen neuen entwickelung in sich trägt. Warum die vocalveränderung hier? sie kann doch nicht werk des zufalls sein. Warum sagt der Samojede *man* ich, aber *mè* oder *mi* wir, der Tunguse *bi* (stamm *mi*) ich, plur. *bu* (st. *mu*)? und wiederum, wie verändert der Syrjäne *me* ich im plural zu *mi*?

Diese allen Altaischen sprachen eigenthümliche veränderung des pronominalstammes scheint die forscher herauszufordern, dem gegenstande eine nähere untersuchung zu widmen. Die folgenden blätter haben sich diese aufgabe gestellt. Es sind die ursprünglichen formen des personalpronomens aufzufinden, und die gesetze, nach welchen der ursprüngliche stammvocal sich verändert hat, nachzuweisen. Doch begegnet man hier mehr schwierigkeiten als in den Indoeuropäischen sprachen. Es sind bis jetzt überhaupt noch gar keine untersuchungen über das gewichtverhältniss der vocale angestellt, und dies kommt hier besonders in betracht. Wären die veränderungen, welche der auslautsvocal in verbindung mit den biegungsendungen erleidet, gegen einander abgewogen, das gleichgewicht zwischen den verschiedenen vocalen des wortes schon gefunden, so würde dies ein neues licht auch auf das pronomen werfen. Auf der anderen seite geschehen die veränderungen des wurzelvocals auf einem gedrängteren gebiete, und sind sonach übersichtlicher.

Fassen wir das verhältniss in den beinahe eben so weit verbreiteten Indoeuropäischen sprachen ins auge, so begegnet uns hier eine ähnliche entwickelung, wie die Altaischen sprachen sie zu nehmen scheinen. Die umwandlung des wurzelvocals im nomen ist keine ursprüngliche, sondern zeigt sich, mit wenigen ausnahmen, erst bei späterer entwickelung. So sagte der Hindu *mâtar*, nom. *mâtâ*, plur. nom.

mâtaras, der Grieche nom. μήτηρ, plur. nom. μητέρες, der Lateiner nom. *mâter*, plur. nom. *mâtres*; d. i. mit unveränderter beibehaltung des wurzelvocals. Im Gothischen ist dies auch noch der fall. Es heifst *fadar*, plur. accůs. *fadruns*, gen. *fadrê*. Die Deutsche sprache hat aus diesem stamme *vater*, *väter*, die Schwedische *fader*, *fäder* gebildet. Ebenso Sanskr. nom. *sûnus*, plur. accus. *sûnvas*, instr. *sûnubhis*; Lithauisch *sunus*, plur. instr. *sunumis*; dagegen sagt der Deutsche *sohn*, *söhne*, der Schwede *son*, *söner*. Im Englischen wird *brother* sogar *brethren*. Diese einfachen beispiele zeigen uns das verhältnifs im allgemeinen. Es bleiben sonach in den ältesten zweigen des Indoeuropäischen sprachstamms die wurzelvocale unverändert, erst die neueste zeit hat die feste gestalt des nominalstamms so zu sagen gebrochen. Dagegen ist das pronomen schon im Sanskrit den mannigfachsten verwandlungen unterworfen, und zwar nicht blofs in bezug auf den wurzelvocal, sondern auf den ganzen materiellen gehalt des wortstammes. Man könnte überhaupt nicht verstehen, wie das Sanskr. *aham* ich, im ablat. *mat*, plur. nom. *vayam*, accus. *asmân* oder *nas* würde, oder wie das Griech. ἐγώ formen wie νώ, ἄμμες, ἡμεῖς aufzuweisen hätte, wenn man nicht schon hier das durchbrechen desselben umwandlungs-principes annähme. Diese veränderungen finden in dem ganzen sprachstamme statt, z. b. Altbulgarisch nom. *azu*, genit. *mene*, dual. nom. *vea*, accus. *na*, plur. *mü*, instrum. *nami*; Litauisch nom. *až*, dat. *man*, dual. *vedu*, *mudu*, *yudu*; Gotisch nom. *ik*, dat. *mis*, dual nom. *vit*, plur. dat. *unsis*.[1] Es ist, als ob der stete gebrauch dieser einfachen sprachelemente schon frühzeitig eine abnutzung derselben hervorgerufen hätte. Man sieht gleich, dafs das beinahe willkürliche schalten mit der wurzel hier am weitesten gebracht ist. Und eben dieser umstand bestätigt die annahme, dafs die umwandlung des wortstamms mit und in dem pronomen ihren anfang gemacht

---

[1] vergl. Bopp, Vergleich. grammatik des Sanskrit, Şend, Armenischen u. a. B. II, 120, und A. Schleicher, Compendium d. vergl. gramm. der Indogerm. spr. II. s. 490. 676.

hat. Eben dies scheint der fall bei den Altaischen sprachen zu sein. Während im indo-europäischen sprachstamme dasselbe princip in der conjugation der verben vollkommen durchgeführt ist, z. b. von wurzel *bud'* präs. *bódāmi*, augm. prät. I *abôd'āma*, redupl. prät. *bubóda*, zeigen sich wie gesagt, nur im Ostjakischen schwache spuren davon. Im pronomen aber kommen in allen diesen sprachen ganz ähnliche umwandlungen vor. Ich nehme daher keinen anstand die ansicht zu hegen, daſs die verwandlung der pronominalwurzel in den Altaischen sprachen den anfang bilde zu einer ähnlichen entwickelung, wie sie in den Sanskritischen sprachen schon vorliegt und als der eigentliche durchbruch desselben principes zu betrachten sei.

Wie äuſserst wichtig das pronomen für den ganzen Altaischen sprachstamm ist, geht aus dem angeführten leicht hervor. Aber auch für die vergleichende sprachwissenschaft überhaupt ist diese thatsache der vocalwandlung von bedeutung. Sie liefert nämlich einen ganz neuen beitrag zur erforschung der allgemeinen sprachentwickelung, und zeigt, wie dieselben physiologischen und geistigen gesetze sich überall bewähren, die historisch gegebenen verhältnisse diese aber in immer neuen verschlingungen zusammenwirken lassen.

Nach diesen allgemeinen bemerkungen gehe ich zu dem gegenstande selbst über. Der besseren übersicht wegen betrachte ich das pronomen in jeder sprache besonders, und da die Finnische sich am meisten entwickelte, ihre formen auch als die durchsichtigsten allgemein anerkannt sind, mache ich mit dieser sprache den anfang.

1. Das personalpronomen im Finnischen.

Die schriftsprache führt als die allgemeinen formen des pronomens auf:

	1.	2.	3.
sing.	*minä*	*sinä*	*hän*
plur.	*me*	*te*	*he*.

Auſser diesen formen giebt es, sowohl in der gewöhnlichen umgangssprache als in älteren und neueren schriften, besonders poetischen, noch andere formen, die aufs mannigfachste wechseln. Ich habe sie hier zusammengestellt:

	1.	2.	3.
sing.	*minäi, mie*	*sinäi, sie, si,*	*se, hä*
	mi, mä, ma	*sä, sa*	
plur.	*müö, met*	*tüö, tet*	*hüö, ne,*
			het, net.

Wir ersehen aus dieser zusammenstellung, daſs es im allgemeinen kürzere und längere formen giebt. Welche sind nun die ursprünglichen? Schon 1836 hat Lönnrot in der von ihm herausgegebenen finnischen zeitschrift Mehiläinen ausgesprochen, die ursprünglichen formen der pronomina seien seiner ansicht nach im singular *me, te, he,* im plural *mete, tete, hete* gewesen. Ich bin jetzt nicht im stande seine gründe anzuführen, weil ich die genannte zeitschrift hier nicht haben kann, erinnere mich aber daſs er *n* in *minä, sinä, hän* als späteren zusatz ansieht. Gegen diese annahme Lönnrot's, tritt, da er den ursprung dieses lautes nicht bewiesen hat, Castrén in seiner vortrefflichen abhandlung „Ueber die personalaffixe in den Altaischen sprachen" auf.[1] Er sagt: „für diese vermuthung geben die verwandten sprachen keinen anhaltspunct, denn in ihnen haben die pronomina der ersten und zweiten person fast immer *n* im auslaut." Vom sprachvergleichenden standpunct sieht er daher *min* und *tin* (= *sin*) als ursprüngliche formen der selbständigen pronomina der ersten und zweiten person an. Das *ä* ist hinzugetreten wegen der groſsen abneigung des Finnischen gegen consonanten im auslaut. Nun kann zwar diese thatsache nicht geleugnet werden, ja das vorkommen des *n* als auslaut in einigen prädikativ- und possessiv-affixen des Türkischen, Tatarischen, Yakutischen, Samojedischen und im dualis des Lappischen, scheint in einer auffallenden weise zu bestätigen, dass dem pronomen, woraus sie entstanden, auch dies element zukommt. Dennoch muſs ich gerade das ge-

---

[1] M. A. Castrén, Nordische Reisen und Forschungen, V. s. 208.

gentheil behaupten. In den genannten sprachen sind nämlich mehrere affixe mit dem verbal- oder nominalstamm noch so lose verbunden, dafs sie den ganzen jetzigen pronominalstamm dieser numeri aufweisen. Sie beweisen daher nicht mehr als das früher gesagte: die pronomina fast aller Altaischen sprachen haben in ihrer jetzigen gestalt dieses *n* im auslaut. — Fassen wir aber das verhältnifs von einem anderen gesichtspunct auf: was bedeutet denn dies *n*, ist es auch wesentlich für den pronominalstamm? In der zusammenfassung der resultate seiner umfassenden darstellung sagt Castrén selbst: „Betrachten wir das affix der ersten person, so bildet *m* in den meisten Altaischen sprachen einen allgemeinen und ursprünglichen charakter aller numeri." „Der allgemeine und ursprüngliche charakter der affixe und pronomina der zweiten person ist in den Altaischen sprachen *t*. Im Finnischen, Tungusischen und in den Türkischen sprachen geht *t* in *s* (*s*) über." Und weiterhin: „Das pronomen und die affixe der dritten person haben in den Indogermanischen sprachen ursprünglich *t* zum character gehabt. Auch in den Altaischen sprachen kommt dieser charakter sehr oft bei den affixen, bisweilen auch beim pronomen vor. Häufiger als *t* findet man *s*, welches einige Finnische sprachen nicht nur in den affixen, sondern auch im pronomen annehmen."[1] Was geht aus diesem resultate hervor? Dafs das wesentlichste merkmal der drei pronomina entschieden der anlautsconsonant ist. Schon a priori können wir dieselbe schlufsfolge ziehen, denn das in allen drei personen sich ähnlich bewährende *n* kann nicht dazu dienen, die unähnlichkeit der begriffe zu bezeichnen. Als unwesentlich fällt es daher auch in den affixen der mehr entwickelten sprachen weg, und nicht blofs in den affixen, sondern auch im pronomen, besonders wenn dasselbe eine stellung einnimmt, die den starken satzaccent nicht auf sich zieht. Daher heifst es in Kanteletar[2]: Olisin *ma* pieni lintu, wäre

---

[1] Castrén, Nord. Reisen u. Forsch., V. s. 215 folg.
[2] Kanteletar, taikka Suomen kansan vanhoja lauluja ja virsiä. 1864. s. 119.

ich ein kleines vöglein; Kun *ma* vierin veikon luota, als ich fuhr von meinem bruder; tůvin *mie* tätä tütärtä, dieses töchterlein ich wiege (seite 170); dagegen mit verstärktem ausdruck: Kostohon *minäi* koito, ich elende sollt' mich rächen; Noin *minäki* lassa lauloin, so sang ich auch in der kindheit [1], wo noch *ki* etiam des stärkeren ausdrucks wegen angehängt wurde. Dies bewährt sich auch in hinsicht der übrigen pronomina, und die kürzeren oder längeren formen der übrigen casus scheinen dasselbe gesetz zu befolgen. Hier mag noch bemerkt sein, dafs *minä, sinä* überhaupt die gewöhnlichsten formen sind.

Wo nun dieses als unwesentlicher zusatz für die bezeichnung des pronominalbegriffs erwiesene *n* herrührt, können wir aus Castrén's darstellung leicht errathen. Er nimmt nämlich an, dafs die ursprünglichen formen *min, tin* oder *sin* ihr *n* elidirt haben und in *mi, ma (mä), si, sa (sä)* übergegangen seien. Die verlängerung von *i* zu *ie* in *mie, sie* wäre geschehen, weil einsilbige wörter keinen kurzen vocal im auslaut dulden." [2] Es scheint dies nämlich ein gesetz im ganzen Altaischen sprachstamme überhaupt zu sein. Im Finnischen, Tungusischen, Burjätischen, Ostjakischen finden sich, mit ausnahme äufserst weniger wörter [3], nur einige enklitische und gerade pronominalformen, die auf kurzen vocal auslauten, obgleich sie einsilbig sind. Theils aber kommen sie nur selten vor, und es scheint oft als wären sie schriftlich nicht genau wiedergegeben worden, theils haben sie neben sich gedehntere formen, entweder mit langem vocal oder consonantenauslaut. Und obgleich im Syrjänischen, Wotjakischen, Tscheremissischen und noch anderen eine kleine anzahl einsilbiger wörter vorkommen, die

---

[1] Kanteletar s. 172.
[2] Castrén, Nordische Reisen und Forschungen, V. s. 209.
[3] Ostjakisch *ku* oder *kui* mensch, *ne, ni*, aber im Irtischdialekt neṅ, mädchen = Syrjän. nŷ, Yur.-Sam. ńe', Tawg. Sam. ńé, Ungar. nő. Das Tungusische hat 2 wörter: *ii* galle, Finn. *sappi*, und *ko* flinte, welches letztere auch *kuo* lautet. Das Burjätische hat nur pronomina und enklitische partikeln, wie das Finnische.

mit kurzem vocal auslauten,[1] haben im allgemeinen alle genannten sprachen eine abneigung gegen solche formen wie *ki, ma, gu.* Die einsilbigen wörter schliefsen daher gewöhnlich mit einem consonant oder langem vocal; die ausnahmen haben öfters in verwandten sprachen irgend einen consonantenauslaut. Das Ostjakische *ku* oder *kui* mensch, lautet im Burjätischen *kuṅ.* Uebrigens gewinnt die annahme eines nur hinzugetretenen *n* gröfsere stärke dadurch, dafs die betreffenden sprachen niemals einen zum stamme gehörenden consonanten in der deklination weglassen können, wenn er im nominativ vorkommt, dieser casus ist aber häufiger veränderungen unterworfen. Und die pronomina haben doch eine vollständige declination ohne *n* im stamme.

Wenn es nach alldem angeführten wenigstens wahrscheinlich ist, dafs das auslautende *n* in den personalpronomina ein späterer zusatz ist, so haben wir jetzt nachzuweisen, wo denn dieser laut herstammt. Um es sogleich auszusprechen, ich halte es für eine aus phonetischem grunde entstandene blofse endung, der vielleicht auch die logische bedeutung, dem wortstamme einen mehr substantivischen charakter zu geben, zukommt. Unter den von dem zu früh hingeschiedenen gefährten Castréns in west-Asien, Bergstadi, angeführten, mehr als zweihundert nominalbildungs-affixen der Finnischen sprache kommt auch *na, n, in, an* u. s. w. häufig vor.[2] Dies *na* oder *n* kann zu verschiedenen zwecken angewandt werden:

1. Um schlechthin einen nominalstamm zu bilden, besonders von onomatopoëtischen wurzeln. Z. b. *koh-i-na* brausen, wo *i* bindevocal ist, von der wurzel *koh*; das entsprechende verbum heifst, mit modificationen der bedeutung, *koh-án, koh-isen, koh-ailen.*

2. Als zusatz oder ausbildung des wortstammes, abwechselnd mit anderen bildungszusätzen, bisweilen ohne be-

---

[1] Syrjänisch: *bi* feuer, *di* insel, *gu* grab, *yi* eis, *ma,* honig, *mu* erde. Votjakisch: *gu* grube, *yu* getreide, *ki* hand, *ku* haut. Tscheremiss. *ko* welle, *lo* mitte, *zd* bruder, Fin. *setä* vaterbruder, *ti* laus, Fin. *täi*; und noch einige.

[2] J. R. Bergstadi, Materialier till Finska språkets ordbildningslära, s. 169 folg. in zeitschrift Suomi.

sondere bedeutung, öfters mit denselben feinen schattirungen wie im verbum. Z. b. von *ily-a* schleim, schlüpfrigkeit, die variirenden formen *ily a-ma*, *ily-ain*, *ily-a-n*, *ily-a-na*, *ily-a-nne*, *ily-a-nnes*, *ily-a-nko*, *ily-a-kka*, *ily-e-n*, welche nur die allerfeinsten unterschiede in sich tragen, einige gar keine. So *terho* = *terhe* = *terhen*, nebel; *aivo*, *aivu*, *aive-na* schläfe.

3. Als inlaut in einigen wörtern, mit oder ohne veränderung der bedeutung. Z. b. *esi* das voran seiende, *ensi* der erste, *hopso*, *hompo*, *homppa* ein einfältiger, blödsinniger (*n* geht vor *p* in *m* über), *hoto*, *honto* hohl.

Wir können hieraus schliefsen, dafs *n*, *na* in den Altaischen sprachen dieselbe aufgabe hat, wie in den Indoeuropäischen, einerseits als nominalaffix zu dienen, anderseits nur aus phonetischem einflusse den wortstamm zu verstärken, wie z. b. im Sanskrit *kavi* dichter, genit. plur. *kavinâm*, von der wurzel *bhid*, präs. *bhinadmi* ich spalte. Im letzteren falle, als einschiebung, wird es jedoch im Finnischen nicht in gleicher ausdehnung gebraucht.

Betrachten wir aber die declination der pronomina, so wird diese ansicht noch in höchstem grade bestätigt. Sie werden nämlich alle drei nicht nur regelmäfsig aus den entwickelten stämmen *mi-nu*, *si-nu*, *hä-ne* declinirt, sie haben auch in allen gewöhnlichen casus kürzere formen: infin. *mua*, *sua* statt *minua*, adess. *mulla*, *sulla*, *hällä* statt *minulla* u. s. w. Die Savo und Karelischen dialekte, welche im allgemeinen vokalreichthum lieben, sagen *miulla*, *siulla*. Noch mehr aber beweist der umstand, dafs alle übrigen pronomina ihre nominative durch einen zusatz ausgebildet haben, der als unwesentlich in den anderen casus wegfällt. Dieser zusatz kann in seinem ursprunge noch nachgewiesen werden, und besteht entweder aus ähnlichen elementen wie die genannten, oder aus einem neu hinzugetretenen pronominalstamm. Z. b. *tä-mä* (*mä* = ein nominalbildungsaffix), *ke-n*, *mi-kä* u. m. Nur *tuo* jener, macht eine ausnahme, dort ist aber der stamm, wie im Karelischen *müö*, *tüö*, *hüö*, gedehnt und ein weiterer zusatz überflüssig.

Allerdings muſs diese ausbildung des einfachen pronominalstammes seinen anfang in einer periode genommen haben, als die einzelnen zweige der ganzen sprachsippe noch nicht von einander geschieden waren. Das im pronomen der meisten dieser sprachen auslautende *n* läſst uns dies schlieſsen. Um die eigenschaft eines nur hinzugetretenen bildungsaffixes zu behaupten, müſste eigentlich das *n* in mehreren sprachen in gleicher verwendung nachgewiesen werden. Die untersuchung soll eine derartige aufgabe auch ins auge fassen. Die darlegung des verhältnisses der Finnischen sprache ist jedoch, meines erachtens, genügend gewesen, um die hier vorgebrachte ansicht aufrecht zu halten, auch wenn ein derartiges gesetz in den verwandten sprachen sich nicht mehr ermitteln lieſse. Jene wirft nämlich in mehreren fällen ein erklärendes licht auf diese, und viele verhältnisse, welche hier einzeln und unregelmäſsig dastehen, lassen sich auf allgemeine gesetze in jener zurückführen. Wir nehmen daher als resultat des vorhergehenden an: **die erste person des pronomens hat als wesentlichen und ursprünglichen charakter *m*, die zweite *t* oder *s*, und die dritte wieder *t* oder *s*, in jedem falle mit irgend einem vocal vereinigt.** Es sind dies also dieselben buchstaben, welche Castrén als ursprüngliche kennzeichen der prädicativ- und possessiv-suffixe gefunden, und deren veränderungen wir hier nicht mehr nöthig haben zu zeigen, nur mit einem vocal als träger verbunden. Die formen *minäi, sinäi* sind mit einem ganz bedeutungslosen, nur des stärkeren nachdrucks wegen hinzugefügten *i* ausgebildet, wie bisweilen *tänäi* für *tänä* erscheint, wo *päivänä* ausgelassen ist, mit der bedeutung: an diesem tage.

Untersuchen wir jetzt diese gewonnenen einfachen formen des pronomens, so haben wir zunächst:

    1. pers. *mi, mu, ma, mä, me.*
    2. „   *si, su, sa, sä, te.*
    3. „   *hä, he, se, ne.*

Mu und *su* sind stämme für die gedrängtere declination

des singulars. Castrén hat, wie schon erwähnt ist, den wechsel des *t* mit *s* in den verwandten sprachen nachgewiesen, namentlich findet dies im Finnischen statt, wo *t* vor *i* öfters *s* wird. Da er das *t* als den für die zweite person ursprünglicheren consonanten bewiesen, nehmen wir diese thatsache hier als anerkannt auf. Da aber die dritte person nicht eine ähnliche bildung wie die anderen zeigt, und ich von dieser eine von Castrén abweichende ansicht habe, welche besonders erörtert werden muſs, so gilt die folgende beweisführung zunächst nur jenen.

Wenn in einem wortstamme zwischen verschiedenen vocalen die wahl offen steht, um den ursprünglichen, aus welchem die übrigen formen des wortes sich entwickelt haben, zu bestimmen; so kann wohl kein zweifel obwalten, daſs dies eine form mit *a*-vocal ist, wenn es überhaupt eine solche giebt. *A* ist nämlich, physiologisch betrachtet, gleichsam der ausgangspunct für die übrigen vocalischen und consonantischen artikulationen, der normalvocal, welcher „alle bedingungen der sprachlichen weiterbildung auf das vollständigste, zweckmäſsigste erfüllt." Dr. C. L. Merkel[1], von dem diese worte herrühren, weist auf das vorkommen dieses vocals in den ersten kindlichen äuſserungen, wie *Abba, Papa, Mama*. „Der ausruf *Ah* kommt aus einem unbewegten, in ruhigem anstaunen versunkenen, sich, so wie es ist, hingebenden gemüthe"; und, „da das *A* der inbegriff der vollen vokalisation oder tongebung ist, da in ihm die im kehlkopf zum urtönen gebrachte luft am vollständigsten und reinsten, das heiſst, mit den wenigsten mitteln, zu einem specifischen sprachlaut umgebildet erscheint, so besitzt es eigentlich, als naturlaut betrachtet, keine eigentlich so zu nennende psychische färbung, indem es, ebenso wie das weiſslicht, alle farben in sich vereinigt." Es ist somit dem kindlichen zustande der völker und sprachen besonders entsprechend; es deutet **symbolisch** die substantielle auffassung der dinge, als eine anstaunende, ru-

---

[1] Anatomie und Physiologie des menschlichen Stimm- und Sprach-Organs. Leipzig 1863. s. 782. 785.

hige, überhaupt kindliche, vortrefflich an. Die entwickelung der vocalisation der Indoeuropäischen sprachen macht dies verhältnifs sehr anschaulich. Während die Sanskritasprache feierlich ihr *dadámi* ausspricht, hat ihre Griechische schwester einen lebhafteren Ausdruck in δίδωμι gewonnen. Die vergleichende sprachforschung bestätigt somit die wahrheit der physiologischen betrachtung. Wenn Merkel vom *i* sagt, es stelle „den auf die spitze getriebenen vocalismus" dar, drücke daher heftige und rasch fortschreitende empfindungen aus; *u* aber, als der dumpfste und klangloseste unter allen vocalen, sei ein ausdruck für das tiefe, auch diffuse, stumpfe, energielose'; so ist dies eine von der sprachwissenschaft längst anerkannte thatsache. Für beide sind sie aber zugleich entwickelungen aus *a*. Sollte sich nicht dies naturgesetz auch in den Altaischen sprachen bewähren? Im Finnischen macht noch die zahl der wortstämme, welche *a* als ersten oder hauptvocal haben, ungefähr den dritten theil des ganzen wortvorrathes aus. Eine berechnung der seitenzahl, welche die mit verschiedenen wurzelvocalen anlautenden wortstämme im wörterbuch einnehmen, giebt für das Finnische etwa folgendes ergebnifs. Wurzel mit vocal:

a 23 $\frac{0}{0}$, *u* 17$\frac{1}{2}$ $\frac{0}{0}$, *i* 17$\frac{1}{4}$ $\frac{0}{0}$, *o* 12 $\frac{0}{0}$, *e* 11 $\frac{0}{0}$, *ä* 10 $\frac{0}{0}$, *ü* 7 $\frac{0}{0}$ und *ö* 2 $\frac{0}{0}$.

Es sind freilich diese ziffern ohne genauere untersuchung nicht vollkommen bestimmt. Dafs aber *a* und das damit der vocalharmonie wegen verwandte *ä* den gröfsten theil in anspruch nimmt, und dann in der reihe *i* und *u* folgen, ist ganz in übereinstimmung mit etymologisch-historischen und physiologischen untersuchungen. Für diese gelten nämlich *a, i, u* als die urvocale, aus denen sich die übrigen entwickelt haben. Auch dieser umstand deutet auf die gröfsere ursprünglichkeit des *a*-vocals; er kommt (zusammen mit *ä*) gleich oft vor wie *i* und *u* zusammengenommen, ein verhältnifs das sich in der Indoeuropäischen ursprache wiederfindet.

---

[1] Anatomie und Physiologie des Sprachorgans, s. 799. 803.

Sehen wir aber zu, wie sich die oben aufgeführten formen zu einander verhalten. Castrén nennt als selbständige, dialektisch vorkommende formen *mi, si.* Ich kann mich nicht erinnern, diese gehört zu haben, und Eurén in seiner sehr vollständigen grammatik führt sie auch nicht an. Dagegen kommen *ma, mä, mie* sowohl dialectisch als besonders in den lyrischen volksliedern am häufigsten vor. *Mä, sä* müssen als vocalharmonische nebenformen betrachtet werden; man findet sie in Kanteletar besonders nach weichen vocalen. Z. b. Keltä *mä* küsün tütärtä[1], wen soll ich nach der tochter fragen; et *sä* laula[2], du singst nicht; dagegen: olisin *ma*[3], wäre ich; voit *sa* olla[4], du kannst sein. *Mie, sie* scheinen mir ausbildungen oder dehnungen zu sein, von der art wie etwa im Syrjänischen *kŷ*, das eine vocaldehnung erlitten hat, nach wegfall des zum stamme gehörenden *l,* = Finn. *kieli* zunge, sprache. Mit den pluralformen *müö, tüö* verglichen, erweisen sie sich als aus der abneigung der sprache gegen einsilbige stämme mit auslautendem kurzen vocal entstanden, was auch Castrén behauptet. Was das auslautende *e* betrifft, so kommt es wirklich im singular in den Syrjänischen *me, te* und dem Ungarischen *te* vor. Vielleicht hat auch Lönnrot hieraus seine vermuthung von der ursprünglichkeit dieses lautes genommen. Diese formen aber und die Finnischen plurale *me, te* sind die einzigen mit *e* auslautenden im ganzen sprachstamme, und ähnlichkeiten bieten nur noch die Mordvinischen demonstrativa *te, se* dar. Wichtiger aber ist, daſs die Syrjänische sprache gar kein einsilbiges wort besitzt, das mit *e* endet, auſser den zwei genannten. Es ist dies überhaupt als eine regel in den Altaischen sprachen zu betrachten, die sich namentlich in den Syrjänischen, Votjakischen, Tscheremissischen, Tungusischen, Burjätischen, Finnischen und Estnischen sprachen bewährt. In den beiden letztgenannten findet sich nur noch das pronomen *se,* im Tscheremissischen das reflexivum *ške.* In der oben gegebenen

---

[1] Kanteletar s. 189.   [2] l. c. 134.   [3] l. c. 119.   [4] l. c. 109.

übersicht des verhältnifses der vokale in den wurzeln nimmt e erst den fünften platz ein, und im allgemeinen dürfte die berechnung dem wahren verhältnisse entsprechen. Es bleiben sonach die formen mit *a* übrig, welche sich, sowohl vom physiologischen wie vom sprachlichen standpunkte betrachtet, als die zu grunde liegenden darstellen.

Welches ist aber das gesetz, das so mächtig gewesen ist, den vocalischen charakter des pronomens umzugestalten und ein gänzlich neues princip in den organismus der Altaischen sprachen einzuführen? Um diese frage zu beantworten, müssen wir die bedeutung der vokalwandlung im Indoeuropäischen sprachstamme näher betrachten. Was ist sie denn? Beim verbum ist sie allmählich ein anzeiger des unterschiedes der dauernden und vollendeten handlung geworden, beim nomen aber ist der umlaut ein „procefs, der etwa ein jahrtausend alt ist und doch in der heutigen sprache sein leben schon verloren hat, erstarrt ist, aber im sprachgefühl seine bedeutung erhöht hat. Nachdem unsere flexionsendungen sämmtlich so abgestumpft sind, hat sich unser gefühl für die bedeutung der formen in den umlaut gelegt, der doch ursprünglich nur ein nebensächlicher phonetischer procefs war. Denken wir an Vater und Väter, hatte und hätte, so scheint uns heute der umlaut ein mittel, den plural und den conjunctiv zu bilden, was ehemals bestimmtere suffixe thaten." [1] Hiermit mufs das verhältnifs der wurzel vor affixen verglichen werden, ihre einwirkung überhaupt auf die gestalt derselben. Steinthal findet dies in einem „streben gerade nicht auf ein übergewicht der wurzel gerichtet, auch nicht auf ein gleichgewicht derselben mit der endung, sondern darauf, dafs das ganze wort, wurzel und affix zusammengenommen, nicht eine allzugrofse schwere erlange; daher wird, wenn durch ein gewichtiges affix das wort zu massenhaft werden könnte, der wurzel genommen, was das affix an ge-

---

[1] H. Steinthal, Charakteristik der hauptsächlichsten typen des sprachbaues. Berlin 1860. s. 302.

wicht zu viel hat¹).“ Ein ähnlicher procefs bricht in der pronominal-declination der hier aufgeführten sprachen hervor, indem die wurzel, zunächst aus phonetisch-mechanischen gründen, eine schwächung des ursprünglichen *a*-lauts zu *e* und *i* erleidet, diese schwächung aber allmählich die veränderung der bedeutung in sich aufnimmt. Es geschieht dies auch hier nach abstumpfung der flexionsendungen.

In den Sanskritischen sprachen geht nun das *a* der wurzel häufig vor flexionsendungen in *i* und *u* über, im Sanskrit selbst sogar in *î* und *û*². In der declination des Finnischen pronomens kann man diese schwächung auf die allgemeine regel zurückführen, dafs ein leichtes affix die veränderung von *a* zu *e*, ein schweres eine ähnliche zu *i* wirkt. Von der urform *ma* ist nach diesem gesetz vor der leichten pluralendung *t me*, vor dem wortbildungsaffixe *na (nä) mi* entstanden, die letzterwähnte endung noch vor den flexionsendungen in *nu* übergegangen, oder das *ma* gerade in *mu*; sie lauten daher *mi-nä*, gen. *mi-nu-n* oder *mu-n*, *mi-nu-lla* oder *mu-lla* u. s. w. So auch von *ta* plural nom. *te-t*, später *te*, sing. nom. *si-nä*, ablat. *si-nu-lta* oder *su-lta*. Die vocalveränderung ist besonders klar und anschaulich in dem pronomen *se*, das wohl auch einem früheren zusatz sein *e* verdankt, wie das interrogativum *ken* von *ka*; dieses ist noch enklitische frageparikel, deren vocal sich in dem reduplicirten *ku-ka*, wer, noch mehr umgestaltet hat. *Se* behält im genitiv vor dem leichten *n* seinen vocal und lautet *se-n*, infinitiv aber *si-tä*; inessiv und elativ würden *si-snä* (eigentlich *si-ssä*, weil die inessivendung später *-ssa*, *-ssä*, statt *-sna*, *-snä* geworden ist) und *si-stä* heifsen; hier wird aber das *s* weggelassen und der vocal verlängert, also *sî-nä*, *sî-tä*. Man kann doch diese dehnung, wie im Sanskrit, auch als eine nochmalige schwächung betrachten, denn der illativ hat die form *sî-hen*

---

¹ Charakteristik, s. 290.
² vgl. A. Schleicher, Compendium der vergl. gramm. der Indogerm. sprachen. Weimar 1861. I. s. 15 folg., 134.

für *se-hen* oder *si-hin*. Im Ostjakischen werden wir eine ähnliche veränderung des *a* zu *i* kennen lernen.

Ehe wir das gebiet des pronomens im Finnischen verlassen, haben wir noch die dritte person zu berücksichtigen. Ich habe als die verschiedenen formen dieser *hän* und *se* aufgestellt, obgleich ich vollkommen bewufst bin, dafs die allgemeine ansicht nur *hän* als persönliches pronomen betrachtet, und auch die grammatikern nur diese eine form aufführen. Man kann jedoch nicht läugnen, dafs in der gewöhnlichen umgangsrede häufig eine andere ausdrucksweise gebraucht wird, so dafs z. b. *nüt se tule*, schlechthin: jetzt kommt er, bedeutet. Ihrer natur nach ist auch die dritte person des pronomens mit dem demonstrativum sehr nahe verwandt, woher sie mit diesem in mehreren sprachen wechselt. Sogar die Estnische tochtersprache braucht als das dritte personalpronomen *tema, ta* = das Finnische demonstrativum *tämä, tä*. Einen nahen zusammenhang zwischen diesem *ta* = *tämä*, und dem Finnischen *se* deutet auch das ihnen beiden gemeinsame *n* als anlaut im plural an. Sie lauten nämlich *nä-mät, ne*. Auch Castrén hat früher dieselbe ansicht ausgesprochen; er führt an, dafs auch in andern Finnischen sprachen die dritte person mit *s* anlautet, wogegen die demonstrativa selten diesen anlaut haben. „Aufserdem können im Finnischen die meisten personalaffixe der dritten person auf *se* zurückgeführt werden."[1] Dies *se* hat in den possessivaffixen -*nsa*, und dem von Castrén aufgeführten *sa*, den ursprünglichen vocal behalten; kein nachstehender anhang hat nämlich den auslaut dort getrübt. Die vocalveränderung in diesem pronomen geschieht nun ganz nach der oben aufgeführten regel für ihr gewichtsverhältnifs. Daher im sing. gen. *se-n*, allat. *si-lle*; aber illat. wie gesagt *si-hen*, plur. nom. *ne*. In der pluralen declination sagt man weiter adess. *ni-llä*, ablat. *ni-ltä* u. s. w., was aus zwei gründen erklärlich ist, entweder weil man dadurch eine zu grofsen ähnlichkeit mit

---

[1] Ueber die personalaffixe in den Altaischen sprachen, s. 210.

dem plural von *tämä*, adess. *nä-illä*, ablat. *nä-iltä*, vermeiden wollte, oder der in folge der oben erwähnten regel, weil diese endungen schwerer sind als im nominativ.

Was endlich die form *hän* anbetrifft, so hat Castrén diesem pronomen, seiner „überraschenden ähnlichkeit mit dem altnordischen *hann* (schwedisch *han*)" willen, einen fremden ursprung zuschreiben zu müssen geglaubt [1]. Er findet dazu „um so mehr grund, als in den verwandten sprachen *h* nie im anlaut des pronomens der dritten person auftritt." Mag nun dies auch so sein, so hat er anderseits selbst die formen im Jakutischen *kini* er, sie, es, plur. *kinilär* aufgeführt, die im allernächsten zusammenhang mit dem Finnischen *hän* zu stehen scheinen. Das *h* hat nämlich im jakutischen eine eigenthümliche neigung, entweder ganz elidirt oder in härtere gutturale verwandelt zu werden. *Kini* einerseits und auf der anderen seite die im Osmanli, Tatarischen und Jakutischen mit vocal anlautenden affixe, die wahrscheinlich ihre ursprüngliche aspiration weggelassen haben, deuten auf dies *hän* hin. Und so kann man auch das Türkische pronomen der dritten person *ol*, *o* mit seinen pluralformen erklären. Uebrigens lautet das affix der dritten person bei den Türken und Tataren bisweilen mit *s*, bei den Jakuten mit *t* an, was W. Schott [2] veranlaſst hat, neben *ol*, *on* auch eine andere pronominalform *sin* anzunehmen. Dies billigt auch Castrén, indem er das *k* im Jakutischen *kini* als eine veränderung aus *s* ansieht, wie überhaupt ein wechsel zwischen *s, h, k* in diesen sprachen häufig vorkommt, so auch in der zweiten person. Weil eine elision des anlautenden *s* nicht ungewöhnlich ist, — die affixformen *i, in* wechseln öfters mit *si, sin*, — so nimmt Castrén daher die form *san* als ursprüngliche form an, woraus alle nominalformen der dritten person, das Mongolische *ene, sene*, Mandschu *in*, das Tun-

---

[1] Ueber die personalaffixe s. 209.
[2] W. Schott, Versuch über die Tatarischen sprachen. Berlin 1836. s. 62.

gusische *sin*, das Jakut. *ol* (= *on, an*), und die affixformen *si* (*si̯, su, sü*), *sin* (*si̯n, sun, sün*), *ti* (*ti̯, tu, tü*), *tin* (*ti̯, tu, tün*), *ta* etc. sich entwickelt haben [1]. Böhtlingk hat die entstehung von *t* aus *s* im Jakutischen nachgewiesen.

Meiner ansicht nach stimmt dies alles merkwürdig mit dem verhältnisse im Finnischen zusammen. Die affixe für die dritte person weisen ganz wie in den erwähnten sprachen auf zwei formen des pronomens hin, eine mit *s*, und eine andere mit *h* anfangende. Wenn man sie nothwendiger weise auf eine zurückführen will, nehme auch ich keinen anstand die mit *s* anlautende als solche anzunehmen, denn *s* (*t*) kommt doch in den meisten der verwandten sprachen vor. Das *k* im Jakutischen, das *h-n* als verbalsuffix an mehreren stellen im Finnischen, welches Castrén als das entlehnte pronomen *hän* betrachtet, beweisen doch dafs dies *hän* keineswegs als ein fremdling betrachtet werden mufs, die grofse ähnlichkeit mit dem Schwedischen ungeachtet. Im gegentheil, das von Castrén angenommene ursprüngliche *san*, die übrigen formen *si, sin, ene, ta, kini, hän*, geben mir, nach weglassung des von mir als ein zusatz betrachteten *n*, veranlassung als die urformen für die dritte person des pronomens *sa* anzusehen, woraus schon frühzeitig wenigstens im Finnischen und Jakutischen das *ha* sich entwickelt hat. Dafs eine form mit anlautendem *h* diesen sprachen wirklich eigen ist, wird auch von dem Burjätischen pronomen der dritten person *ôhön* bestätigt [2]. Es scheint nämlich eine zusammensetzung von *ô* + *kön* zu sein, wie ähnliches dort mehrfach vorkommt. Im reflexivpronomen *ôr, örö*, Mongol. *öber* tritt das erste element mit einem anderen zusatz auf; selbständig aber findet man es in reflexivsuffixen *a, e* oder *o, ö* wieder, sicherlich mit der dritten person *o* im Türkischen, *i* im Mandschuischen verwandt. In *hän* hat das auslautende *n* eine schwä-

---

[1] Castrén, l. c. s. 175.
[2] Siehe Castrén, Versuch einer Burjätischen sprachlehre, 1857 s. 27.

chung veranlaſst, aber nicht die gewöhnliche zu *e*, sondern zu *ä*, vielleicht aus rücksicht für das plurale *he*. Die declination ist später regelmäſsig, adess. *hä-n-ellä* oder, mit ausstoſsung des *n*, *hä-llä*, abl. *hä-ne-ltä* oder *hä-ltä*. Hier mag nun der vollständigkeit wegen Sjögrens ansicht aufgeführt werden [1]. Er betrachtet *hän* als ein *allgemeines* personalpronomen, das früher für alle drei personen gebraucht wurde, und sich im Finnischen erst später, „vielleicht nach dem beispiele des Skandinavischen *han* er", nur auf die dritte person beschränkt hat. Zum beweise einer vormaligen anderen bedeutung desselben wie seines Estnischen verwandten, führt er, nach Hupel und Ahrens, besonders einige formen auf, wo es durch *eigen* oder *sein* ausgedrückt werden kann; z. b. *hene takan* kann hinter mir, hinter dir, oder hinter sich heiſsen; *ise enast* mich, dich, sich selbst. In der heutigen Estnischen sprache ist es ein pronomen reflexivum.

Stellen wir das bisher gewonnene zusammen, so sind die einfachsten und ursprünglichsten formen der personalpronomina für die

1. pers.	2. pers.	3. pers.
ma.	*ta (sa).*	*sa (ha).*

Wir haben gesehen wie die vocalveränderung, wenigstens im Finnischen, das allgemeine gesetz zu befolgen scheint, daſs schwerere zusätze eine gröſsere schwächung des vocals bewirken, wonach die vocale sich in der reihenfolge *a, e, i, u* und *i* stellen. In diesem sinne ist die vergleichung mit den Indoeuropäischen sprachen zu verstehen. Wenn im Sanskrit das wort *rurudvāms* in die schwächsten casus *ruruduš*, in den mittleren *rurudvat* heiſst, d. i. „der wurzel genommen wird was das affix an gewicht zu viel hat", so gilt dies hier vom gewicht der wurzel an vocalpotenz. Wir haben jetzt nicht diese reihenfolge der vocale in der bindesilbe und in den biegungsendungen zu ver-

---

[1] A. Sjögren, Zur ethnographie Livlands, in Bulletin Histor. Philol. de l'Academie de St. Petersbourg, Tome VII. 55. 56. 57.

folgen. Merkwürdig aber, wenn zugleich auch auf dem einflusse des starken accents und der verschiedenen länge des wortes beruhend, ist z. b. im verbum die symbolische bezeichnung der vergangenen zeit durch *i* und *u*. *Tul-en* ich komme, bezeichnet das in der nächsten zeit geschehene durch *tul-in* imperf. ich kam, das längst geschehene aber, das fertige, abgeschlossene, mit *tul-lut, olen tullut* perf. ich bin gekommen.

Man kann auch nicht läugnen, dafs, wenigstens im gebiete des pronomens, der phonetische procefs der vocalschwächung zum theil seine ursprüngliche bedeutung, nach welcher sie von einem anhange bewirkt wird, verloren hat. So scheint der vocal *e* die plurale bedeutung in sich aufgenommen zu haben. Nur im nördlichen Finnland hört man bisweilen noch den ursprünglichen plural *me-t, te-t, he-t*; in den übrigen gegenden und in der schriftsprache ist das *t* erloschen. Niemand denkt mehr daran, dafs er mit verstümmelungen zu thun hat, und die veränderung von *ma, ta (sa)* zu *me, te* weckt im bewufstsein des sprechenden oder hörenden dieselben vorstellungen der verschiedenheit, wie bei einem Deutschen *vater* und *väter, bruder* und *brüder*. Auf grund dieser thatsachen habe ich die pronominale deklination der Altaischen sprachen als den durchbruch eines neuen principes im ganzen sprachengeschlecht betrachtet, ein princip, das seinen ursprung in allgemeingültigen physiologischen gesetzen hat, und seine wirkung bisweilen auch im nomen und verbum zeigt.

Wir gehen hiernach zu den übrigen sprachen des Altaischen stammes über, im allgemeinen dem verhältnisse der näheren oder ferneren verwandtschaft mit dem Finnischen folgend.

2. **Das personalpronomen im Estnischen und Livischen.**

Diese einander sehr nahe stehenden tochtersprachen des Finnischen haben in der wenigstens acht-, vielleicht zehn-hundertjährigen trennung vom mutterstamme nur geringe veränderungen erlitten. Dies ist um so mehr auffallend, wenn man ihre geschichtlichen verhältnisse in erwägung zieht, die fürchterlichen kämpfe gegen, die schreckliche unterjochung unter die Deutsche ritterschaft, welche ihnen gut und freiheit raubte. Es zeugt dieser umstand von einer seltenen geistigen kraft, die auch nicht an einer späteren selbständigen entwickelung zweifeln läfst.

Im allgemeinen sind die flexionsendungen entweder durch den abfall eines vocals verkürzt, oder auch gänzlich weggefallen; ein verhältnifs, das sich häufig in den westfinnischen dialekten wiederfindet, besonders in der gegend von Åbo. Das pronomen lautet nun im Estnischen wohl *mina, sina, tema* (die verdoppelung des inlautsconsonanten in der Estnischen schrift hat *nur* eine ortographische bedeutung); diese formen werden aber gebraucht blofs wenn das pronomen absolute steht. In negativer form, nach dem verneinungswort, das hier für alle personen zu *ei* erstarrt ist, heifsen sie immer

ma, sa, ta.

Die declination geschieht regelbundnn im singul. von den stämmen *minu* oder *mu*, *sinu* oder *su*, wie im Finnischen, plural. heifst im nomin. *meie, teie*. *Tema, ta*, plur. *nemad* ist das Finnische demonstrativum *tämä, tä* [1].

Die Livischen formen der personalpronomina sind [2]:

sing. *ma, sa, ta.*

plur. *mê, tê, ne* oder *nei.*

Sie stehen alle mit den Finnischen formen so nahe in zusammenhang, dafs ich nur noch einige bemerkungen hinzufügen will. Trotz der diesen sprachen eigenen starken neigung zur verkürzung, folgen doch die pluralformen *meie, teie, mê, tê* der allgemeinen regel, dafs einsilbige wörter nicht mit kurzem vocal schliefsen dürfen, in West- und Ost-Kurland hat man den langen vocal, obgleich das pluralzeichen *g*, dem Lappischen *k, h* entsprechend, folgt. Man

---

[1] Vergl. Ahrens, Grammatik der Ehstnischen sprache Revalschen dialectes.
[2] A. Sjögren, Gesammelte schriften II, theil I, s. 115. 116.

sagt nämlich an jenem orte *meig, teig,* an diesem *mèg, tèg.* Das *i* in *meie* ergiebt sich sonach als eine erweichung von *g,* oder das im Finnischen vorkommende plurale *i* enthaltend. Auch der nom. plur. vom Estnischen demonstrativum *se* hat seinen stamm durch vocaldehnung erweitert: *nèd* = Finn. *ne. Mina, sina, tema,* wie das Livische plur. *nämad,* vermeiden dies durch erweiterung mit einer bildungssilbe. Im Estnischen kommen die nackten formen nach *ei* vor, weil die negation doch immer einen gewissen nachdruck auf sich zieht. Im Livischen schliefslich treten sie meistens einfach auf, obgleich *mina, sina, täma* auch vorkommen können. — Auch hier bewährt sich die theorie von der vocalschwächung, ja sie gewinnt noch stütze. Das pronomen der 3. person hat hier das ursprüngliche *a* in *ta* beibehalten, was auch für das oben als ursprünglich angenommene *sa* im Finnischen (für *se*) spricht. Zugleich weist aber die schwächung in *te-ma,* plur. *ne-mad,* verglichen mit dem Livischen *nä-mad,* Finnischen *tä-mä, nä-mät* darauf hin, dafs das *ä* für das gefühl das gleiche gewicht wie das *e* hat. *Mi-na, te-ma, nä-mad* und im Finnischen *mi-nä, tä-mä* beweisen übrigens, dafs das gewichtsverhältnifs nicht mit völliger consequenz durchgeführt ist, wenn man nicht annehmen darf, dafs auch die folgenden consonanten bestimmend mitwirken. In welcher sprache gilt aber ein grammatisches gesetz ohne ausnahme? Auch im Sanskrit werden sie vielfältig von einander getrübt. So ist auch das beibehalten des *e* im demonstrativum *se,* nämlich allat. *se-lle,* ablat. *se-lt,* translat. *se-ks* zu betrachten; im Finnischen sagt man entsprechend *si-lle, si-ltä, si-ksi.*

3. Das pronomen im Lappischen.

Es begegnen uns in dieser sprache sogleich zwei eigenthümlichkeiten, die im Finnischen nicht vorhanden sind, die entwicklung des ursprünglichen a-vocals nach einer andern richtung als die bisher angegebene, und das auftreten einer dualform. Diese ist nur im verbum und pronomen beibehalten, in der nominaldeclination ist sie schon verschwunden. Was jenes verhältnifs betrifft, so treten auch hier dieselben physiologischen erscheinungen auf, die sich in anderen, nicht verwandten sprachen geltend gemacht haben, und welche von den grammatikern und sprachphilosophen beobachtet sind. Die entwicklung des urvocals *a*, das in den ältesten formationen der sprachen, dem bewufstsein dieser periode entsprechend, auftritt, geht nämlich nach zwei richtungen hin. Die erste durch *e* nach *i* haben wir schon im Finnischen kennen gelernt, die zweite nach *o* und *u* kommt hier auch in betracht.

Ich führe sogleich das schema der pronomina auf, wie es von Friis dargestellt ist[1], indem ich den wortstamm, die erweiterung desselben und die kasusendung auseinander halte:

Singul.

	1.	2.	3.
Nomin.	mo-n	do-n, Castrén: ton	so-n.
Infin. Gen.	muo, mu	du	su.
Allat.	mu-ń-i	du-dń-i	su-dń-i.
Locat.	mu-st	du-st	su-st.
Komit.	mu-ina	du-ina	su-ina.

Dual.

Nomin.	moai	doai	soai.
Nach Castrén:	moi	toi	soi.
Inf. Gen.	mo-nno	do-dno	so-dno.
Allat.	mo-nno-idi	do-dno-idi	so-dno-idi.
Locat.	mo-nno-st	do-dno-st	so-dno-st.
Komit.	mo-nno-in	do-dno-in	so-dno-in.

Plural.

Nomin.	mi	di, Castrén: ti	si.
Infin. Gen.	mi-n	di-n	si-n.
Allat.	mi-ġ-idi	di-ġ-idi	si-ġ-idi.
Locat.	mi-st	di-st	si-st.

[1] J. A. Friis: Lappisk Grammatik, Christiania 1856.

Es ist auffallend, dafs die vocalentwickelungsreihe *i* sich im plural geltend gemacht hat, während der dual, der doch durch kasusendungen und sonst seinem begriffe nach dem plural näher steht, mit dem singular sich der *u*-reihe zugewendet hat. Dies *i* mufs man wohl als aus dem einflusse des, noch im nominativ der nomina vorhandenen, schweren pluralzeichen k entstanden erklären, von dem auch im allativ ein rest in *ġ* sein dürfte. Dafs aber dieser pluralcharakter im ganzen plural früher wirklich vorhanden gewesen, beweisen meines erachtens mehrere dialektisch auftretende formen, wo man das *k* in erweichter gestalt als *y* wiederfindet. So spricht man in Vefsen in Norwegen:

Nom.	mi-ye	di-ye	si-ye.
Infin.	mi-ye-b	di-ye-b	si-ye-b.
Genit.	mi-ye-n	di-ye-n	si-ye-n.
Allat.	mi-ġ-iden	di-ġ-iden	si-ġ-iden.
	mi-y-it	di-y-it	si-y-it.
	mi-ġe	di-ġe	si-ġe.
Locat.	mi-ye-st	di-ye-st	si-ye-st.
Essiv.	mi-ye-sne	di-ye-sne	si-ye-sne.

In der schriftsprache und im Finnmarkischen dialekt ist dieser standpunkt der sprachentwicklung schon verlassen, und locat. sing. *must*, plur. *mist*, gen. sing. dialektisch *mun*, gen. plur. *min* werden schlechtbin nur durch die vocalveränderung des stammes von einander unterschieden. Das gewichtsverhältnifs zwischen *o* und *u* ist aber schwerer zu ermitteln. Nach dem vorgange in der i-reihe müfste jenes vor kürzeren, dieses vor längeren endungen stehen. Fast das umgekehrte ist jedoch der fall. Hier kommt noch dazu, dafs nomin. sing. *mon*, gen. *mu* oder *mun* heifst; inf. und genit. dual. *monno, dodno, sodno*; in Karlsö aber sagt *munno, dudno, sudno*, und in Vefsen *monnop, donnop, sonnop*. Da also der vocal vor endungen gleiches gewichts wechselt, kann man, wenigstens von der jetzigen gestalt des pronomens, auf das gesetz der vocalwandlung nicht schliefsen. Die schwierigkeit wird noch gröfser, wenn man auf das schwanken in der bezeichnung der Lappländischen laute rücksicht nimmt. Friis sagt nämlich, dafs die buchstaben o und u bisweilen denselben laut ausdrücken sollen, und Castrén hat nachgewiesen, wie Rask, Stockfleth und nach ihnen andere, um eine vermuthete theorie der abhängigkeit des wurzelvocals in gewissen fällen von dem der endung consequent durchzuführen, immer, wo diese theorie sich nicht bestätigt, den *u*-laut mit *o* zu bezeichnen[1]. Nur im allgemeinen läfst sich daher sagen, dafs der dual für sich das *o*, der singular das u gewählt zu haben scheint, welches letztere mit der kürzeren form im Finnischen übereinstimmt. Unzweifelhaft haben die singularformen mehr verstümmelungen gelitten, wie die im plur.; das stammerweiternde *n* findet sich nur im nom. und allat. wieder, während es in der ganzen dualdeclination aufser im nom. auftritt. Vielleicht sind die ursprünglichen singularformen etwa *mon, monun, monuni* oder *monui, monust, monuina* gewesen, die dann durch zusammenziehung den vocal der endsilbe behalten haben. Diese annahme scheint durch die gleichen vorgänge im Finnischen eine aufklärung zu finden, denn das *u* in *mulla, multa* kann leicht durch zusammenziehung von *minulla, minulta* gewirkt sein; das Ostfinnische *miulla, miulta* wäre dann eine zwischenform. Die verschiedenheit des vocals im sing. *monust*, dual. *monnost* wäre dann aber wieder zu erklären. Wir müssen daher bei der allgemeinen thatsache stehen bleiben, dafs die jetzige pronominaldeclination im Lappischen, mit ausnahme des nom. singularis, *u* als einen charaktervocal für singularis, *o* für dualis angenommen habe. Dies alles in der voraussetzung, dafs die orthographie richtig sei.

Was das, wie ich es aufgefafst habe, den wortstamm verstärkende *n* betrifft, so findet man es, mit ausnahme von nomin. und allat. sing., nur im dual. Bemerkenswerth ist dabei, dafs die 2. und 3. person dies *n* durch ein *d* erweitern — im Schwedisch-Lappischen heifst es auch im nom.

---

[1] Castrén, Vom einflusse des accents in der Lappländischen sprache s. 31, 33.

sing. 2. und 3. person *todn*, *sodn* —, die 1. person aber das n nur verdoppelt. Das doppelte n ist das ursprüngliche. Vielleicht hat das weichere m das beibehalten desselben in der 1. person bewirkt; die verdoppelung selbst aber ist eine im Lappischen sehr häufig vorkommende erscheinung.

Die ansicht, daſs dies *n* nur ein dem stamme beigefügter verstärkungszusatz sei, bestätigt sich auch hier. Das Lappländische hat nämlich die drei demonstrativa *dât*, *duot*, *dot*, den Finnischen *tä-mä*, *tuo*, *se* entsprechend, durch ein zugefügtes *t* ausgebildet, das nur im nominativ vorkommt und mit dem stamme nichts zu thun hat. Die kürzere form tritt bei wiederholung des pronomens, also wenn es den starken accent entbehrt, hervor: *dâ dât* dieser, *duo duot* jener, *do dot* der fernere. Wie hier *t*, so ist dort *n* dem stamme zugetreten wegen der abneigung eines einsilbigen wortstammes gegen kurzen vocalischen auslaut. Der nomin. dual. ist daher erweitert *moai*, *doai*, *soai*, auch der genit. singul., wo die casusendung verloren gegangen ist, lautet bisweilen *muo*, und dialektisch der nomit. plur. *min*, *din*, die 3. person *dei* oder *si*.

Der charakterconsonant der drei personen tritt am deutlichsten in den von Castrén angeführten formen *mon*, *ton*, *son* hervor. Nach wiederherstellung des urvocals, welcher die einzige gemeinsame quelle sein kann, aus dem alle die genannten lautmodificationen hervorgegangen sind, bekommen wir daher als ursprüngliche pronominalstämme im Lappischen:

1. pers.	2. pers.	3. pers.
ma	*ta*	*sa*.

4. Das pronomen im Syrjänischen.

Wir kommen jetzt zu einem zweige der Finnischen sprachen, welcher einen besonderen reichthum der pronominalformen entwickelt hat. Sie bilden sich nämlich mit hülfe der possessiv-affixe aus, und zeigen sonach in ihrer gestalt eine völlig tavtologische wiederholung. Der Syrjänische illativ *me-a-m*, *te-a-d* heifst nämlich wörtlich wiedergegeben *mich-zu-mein*, *dich-zu-dein*, der elativ *mi-śu-num*, *ti-śü-nüd* = *wir-von-uns*, *ihr-von-euch* u. s. w. Es ist dies eine eigenthümliche bildung, die man wohl als aus dem bedürfnifs, dem pronomen einen stärkeren nachdruck zu geben, hervorgegangen ansehen mufs; für die - bedeutung ist der zusatz vollkommen überflüssig. Ich will nicht näher auf die psychologische erklärung dieser erscheinung eingehen; soviel mag jedoch hier gelegentlich bemerkt werden, dafs sprachen auf einer kindlichen entwicklungsstufe oft die mehrheit oder eine gröfsere betonung eines wortes ganz materiell durch die wiederholung des wortstammes oder einzelner theile desselben ausdrücken. Auch beim kinde kann man dasselbe beobachten, z. b. im Finnischen *emä-mä*, *tültö-lö-lö-itä*, im Schwedischen *mamama*, *barne-ne-na*. Auch die Indoeuropäischen sprachen haben ähnliches im pronomen aufzuzeigen. Man erklärt die Sanskritischen genitive *máma*, *táva* als verdoppelungen von *ma* und *tva* mit verlust der kasusendung, den altbaktrischen genitiv *mana* durch dissimilation von *mama* entstanden; ebenso der Litauische nominat. *mani*, Slavische *muna*, *mena*. Am deutlichsten zeigt sich die reduplication des stammes im Vedischen abl. *ma-ma-t*, Pråkrit. *ma-má-do*, pråkrit. locativ *ma-ma-mmi*[1].

Die zu dem jetzt zu besprechenden zweige gehörenden sprachen sind die *Permische*, *Syrjänische* und *Wotjakische*. Die erstgenannte ist jedoch wenig bekannt, weshalb ich ihre nominativformen nur im zusammenhang mit der zweiten aufführen kann. Die Wotjakische steht wenigstens in hinsicht der pronominalbildung dem Lappischen näher als die Syrjänische. Weil doch diese die suffixive bildung am vollständigsten entwickelt hat, mache ich damit den anfang und führe sogleich, um stete wiederholungen zu vermeiden, die ganze pronominaldeclination nach Castréns darstellung[2] hier auf:

---

[1] A. Schleicher, Compendium d. vergl. gramm. II, 492, 495.
[2] Castrén, Elementa grammatices Syrjaenae. 1844.

Singular.

	1. pers.	2. pers.	3. pers.
Nom.	me	te	sû-a.
Permisch:	me [1]	te [1]	sû-ya [1].
Genit.	me-na-m	te-na-d	sû-län.
	me-a-m	te-a-d	sû-lûs.
	ma-ya-m	te-ya-d	sû.
Accus.	me-n-ă	te-n-ă	sû-ă.
	me-n-ŏ [1]	te-n-ŏ [1]	sû-y-e, sû-y-es.
Instr.	me-n-am	ten-a-d	sû-ăn.
	me-ŏn	te-ŏn	sû-y-ăn.
Carit.	me-tăg-ă	te-tăg-ûd	sû-tăg.
	me-tăga-a	te-tăga-ûd	sû-tăga.
Dat.	me-n	te-n	sû-lû.
	me-n-um	te-n-ûd, te-d.	
Allat.	me-lań-e	te-lań-ûd	sû-lań-e.
Illat.	me-a-m	te-ad	sû-ă'.
Adess.	me-na-m	te-na-d	sû-lăn.
	me-ya-m	te-ya-d	
Iness.	me-a-m	te-a-d	sû-ûn.
Abl. I	me-n-ûs		sû-lûs.
	me-n-s-im [2]	te-n-s-id [3]	
	me-n-ć-um	te-n-ć-ûd.	
Abl. II	me-săń-e	te-săń-ûd	sû-săń.
	me-săń [3]	te-săń	
Elat.	me-ś-um	te-ś-ûd	sû-ûs.
	me-ûs	te-ûs	
Consec.	me-la-ă	te-la-ûd	sû-la.
Prosec.	me-ăd-ă	te-ăd-ûd	sû-ăd.
Termin.	me-edź-e	te-edź-ûd	sû-edź.

---

[1] Nach v. d. Gabelentz, Grundzüge der Syrjän. gramm. 1841.

[2] Possessiv, genannt worden von Gabelentz.

[3] Nach Gabelentz.

Plural.

	1. pers.	2. pers.	3. pers.
Nom.	mi	ti	nŭ-ya, na-ya, sŭ-ya-yŏs.
Perm. nom.	mŭ (mie)	tŭe	nŭ-ya.
Gen.	mi-ya-n mi-a-n	ti-ya-n ti-a-n	nŭ-lăn, nŭ-lŭs. na-ya-lŏn, nalŏn. sŭ-jŏs-lŏn, nŭ.
Acc.	mi-ya-n-t-ă mi-an-dŏ mi-ya-n-ŏs	ti-ya-n-t-ă ti-an-dŏ ti-ya-n-ŏs	nŭ-y-ă. sŭ-yŏs-tŏ. na-y-ŏs, sŭya-yas-ŏs.
Instr.	mi-na-num mi-an-ŏn	ti-na-nŭd ti-an-ŏn	nŭ-ăn. na-ya-ŏn,sŭ-ye-yas-ŏn.
Carit.	mi-tăg-num mi-tăǵa-num	ti-tăg-nŭd ti-tăǵa-nŭd	nŭ-tăg. nŭ-tăǵa.
Dat.	mi-ya-n mi-ya-n-lŭ	ti-ya-n ti-ya-n-lŭ	nŭ-lŭ, na-lŭ. na-ya-lŭ, sŭ-jŏs-lŭ.
Allat.	mi-lań-num	ti-lań-nŭd	nŭ-lań-e.
Illat.	mi-a-num	ti-a-nŭd ti-ya-n-ŏ.	nŭ-ă'.
Adess.	mi-ya-n	ti-ya-n	nŭ-lăn.
Iness.	mi-a-num	tiănŭd. ti-ya-nŭn	nŭ'-ŭn.
Abl.I	mi-ya-n-ŭs mi-ya-n-ću-num mi-ya-n-ć-um-ŭs.	ti-ya-n-ŭs. ti-ya-n-cŭ-nŭd,	nŭ-lŭs.
Abl.II	mi-săń-num	ti-săń-nŭd	nŭ-săń.
Elat.	mi-śu-num	ti-śŭ-nŭd ti-ya-n-ŭs	nŭ-ŭs. na-ya-ŭs.
Cons.	mi-la-num	ti-la-nŭd	nŭla.
Pros.	mi-ed-num	ti-ed-nŭd	nŭ-ăd.
Term.	mi-edź-num mi-ya-n-ŏdź	ti-edź-nŭd ti-ya-n-ŏdź	nŭ-edź. na-ya-edź.

Ich habe die oben aufgeführten 151 formen in ihre elemente geschieden, um dadurch gröfsere anschaulichkeit der pronominalen declination im Syrjänischen zu gewinnen. Man braucht jetzt nur die suffixformen zu kennen, und diese sind für den sing. 1. *m, um, im* [1], 2. *d, üd*, 3. *s, üs*. plur. 1. *num, nüm*, 2. *nüd*, 3. *nüs* — um sie sogleich entweder am schlusse der casusform, oder zwischen dem wortstamme und der endung wiederzufinden. Die übrigen elemente sind die casusendungen, in vollständiger gestalt oder verstümmelt; ein bindevocal; ein eingeschobenes *ya*, das in den meisten fällen dem jetzigen pluralzeichen *yas* entspricht und bisweilen auch vollständig auftritt; zuletzt ein problematisches *n* oder *na*. Es wäre für unseren zweck genug, nur das letzte moment einer untersuchung zu unterwerfen; wir können aber dies nicht ohne hinziehung auch der anderen thun. Hier folgt daher eine übersicht der noch beim nomen gewöhnlichen casusendungen [2]:

	Singul.	Plur.
Nom. Voc.	—	yas.
Gen.	— län, lön, lüs.	— yaslän, yaslön, yaslüs.
Accus.	— äs, ös.	— yasäs.
Instruct.	än, ön.	yasän, yasön.
Carit.	täg, tög, täga.	yastäg, yastög, yastäga.
Dat.	lü.	yaslü.
All.	lań.	yaslań.
Illat.	ä', ö.	yasä', yasö.
Adess.	län, lön.	yaslän, yaslön.
Iness.	ün.	yasün.
Ablst. I [3]	lüs.	yaslüs.
Ablat. II	säń.	yassäń.
Elat.	üs.	yasüs.
Consec.	la.	yasla.
Prosec.	äd, öd.	yasäd, yasöd.
Termin.	edź.	yasedź.

---

[1] Castrén führt in seiner grammatik auch k auf, hat aber diese ansicht später aufgegeben.
[2] Castrén, Elementa grammatices Syrjaenae. Helsingforsiae 1844. s. 24.
[3] Gabelentz nennt diesen Possessivus, s. Grundzüge 10.

Die meisten pronominalformen, mit diesen endungen und den suffixen verglichen, sind ohne weiteres klar, und werden es noch mehr, wenn man einige eigenthümlichkeiten der Syrjänischen declination berücksichtigt. Man wäre zum beispiele geneigt das *na* im instructiv *menam* zum stamm zu rechnen, weil die endung *än* ist und dies *n* oder *na* sich in verwandten sprachen wiederfindet. Es ist aber eine regel, dafs die buchstaben dieser endung ihren platz tauschen, wenn ein suffix hinzukommt, und *ä* dann in *a* übergeht. Iness. und ill. haben beide die gemeinsame illat.-endung *ä*, aber in *a* verwandelt. Noch in anderen casus kommt das *n*, das wir hier suchen, vor; zunächst finden wir es im genitiv. Castrén hat es dort als den rest einer vielleicht älteren form, die sich noch in den pronomina der verwandten sprachen erhalten hat, erklärt. Diese erklärung scheint auch die gröfste wahrscheinlichkeit zu haben, besonders was den genit. plur. und die dative der beiden numeri betrifft. Einerseits stehen nämlich der endung *n* in der ersten person die gewöhnlichen endungen im genitiv *län*, *lön*, im dativ *lü* der dritten person gegenüber; andererseits haben die Syrjänischen formen *miyan*, *tiyan* eine merkwürdige übereinstimmung mit den Finnischen *meiyän*, *teiyän*. Was den genit. und acc. singul. betrifft, so haben sie in der jetzigen nominal-declination jede endung verloren, und man könnte das verhältnifs so auch hier ansehen, wodurch *na*, *n* als stammerweiterungen erschienen. Die bisweilen für den gen. als *län* auftretende ist doch sicherlich eine zusammensetzung von adess. *län* und der frühern gen.-endung *n*; die nur für persönliche objecte auftretende accusativ-endung *äs* ist ohne zweifel das pronom.-reflex. *as*. Wir haben sonach im genitiv des Syrjänischen wirklich ein *n*, was wohl auch im accusativ gewesen, da diese casus in mehreren verwandten sprachen lautlich einander sehr nahe stehen. Sind sie aber zum stamm zu rechnen, so beweist eben der umstand am besten ihren charakter als erweiterungszusatz, dafs sie mit *a* oder *ya* wechseln können, was freilich nicht die andere erklärung ausschliefst; denn wenn die bedeutung des *n* als genitivzeichen verloren gegangen war, behandelte man es blos wie einen leeren zusatz. So erklärt Castrén auch den adessiv.

Dagegen hat der ablativ in beiden numeri ein *n* aufzuweisen, das nicht in der weise zu erklären ist. Dafs es nicht etwa aus *l* in der endung *lüs* entstanden ist, scheint sein auftreten in elat. plural. und mittelbar auch in termin. plur. zu beweisen. Das *s*, *i*, *ć* ist dagegen eine verstümmelung der elativendung *üs*, *dí* sich in den beiden casus festgesetzt hat. Diese casus scheinen daher eine schwache spur von dem in den verwandten sprachen so häufig auftretenden, stammerweiternden *n* bewahrt zu haben. Wie geringfügig aber gegen die anderen über hundert pronominalformen! Es ist dieser umstand ein starker beweis, dafs das zugetretene *n* nur als ein unwesentliches wortbildungsaffix zu betrachten ist; stellen ja die Syrjänischen formen im plur. das *n* sogar hinter das pluralzeichen.

Ich bin über diesen gegenstand weitläufig gewesen; es war aber nachzuweisen, wie sich die pronominale declination im Syrjänischen überhaupt ohne dies element, das übrigens so allgemein ist, ausgebildet hat. Um so gedrängter kann ich die vocalveränderung des wortstammes erörtern. Der singular hat überall *e*, der plural *i* gewählt, ganz in übereinstimmung mit dem gesetze, das vor schweren endungen eine gröfsere schwäche fordert. Dem plural aber kommen erstens schwerere suffixe zu, dann auch noch das pluralzeichen; und wenn diese auch wegfallen, steht doch der einmal angenommene vocal fest, z. b. gen. sing. *meam*, plur. *mian*, ein übergang zur pluralbezeichnung durch veränderung des wurzelvocals. Die dritte person hat die nominativformen durch einen vocal erweitert, ist aber wie im Finnischen in den beiden numeri ähnlich anlautend. Es mag nicht befremden, dafs sich ein gesetz nicht überall geltend gemacht hat, sonst wären ja nicht die grammatiken des Sanskrit und des Griechischen mit ausnahmen besonders voll. So stehen auch hier die unregelmäfsigen *naya*, *nayalön* u. s. w. *Naya* deutet übrigens auf ursprünglichere formen mit *a* hin. Sie sind zwar nicht mehr im Syrjänischen vorhanden, dafs aber die jetzigen personalpronomina sich aus *ma, ta, sa* entwickelt haben, darf wohl nach dem gesagten keineswegs als ein zu gewagter schlufs angesehen werden. In der flexion geht ein auslautendes *a* öfters in *ä, i* oder *ü* über, *ä* wieder in *a* oder *e*; bisweilen wechseln *i* und *ü* miteinander. Das *n* in *nüa* ist gewöhnliche veränderung vom singularen *s*.

5. Das pronomen im Wotjakischen.

Der bau dieser sprache hat einen mehrfachen einflufs fremdartiger elemente aufzuzeigen, und die von einander abweichenden Evangelienübersetzungen, die das hauptsächlichste material darboten, haben der grammatischen behandlung vielerlei schwierigkeiten gemacht. Wiedemann, dessen darstellung ich hier folge[1], mufste mehrere formen, die ihm als fehlgriffe der übersetzer oder sonst verdächtig schienen, gänzlich weglassen. Noch aber ist nicht alles vollkommen klar geworden, besonders was die declination der pronomina betrifft. Ich führe daher die von Wiedemann aufgestellten pronominalformen hier in gröfster kürze auf, nebst den zu ihrer erklärung nöthigen casus- und personalsuffixen. Bemerkenswerth ist, dafs die letzteren in den verschiedenen casus ihr aussehen verändern, und bald vollere, bald leichtere formen darbieten. Die pronominalformen sind:

Singular.

	1.	2.	3.
Nom.	mo-n	to-n	so.
Adess. Gen.	mį-na-m	tį-na-d	so-len.
Allat. Dat.	mį-nį-m	tį-nį-d	so-lü.
Allat. 2			so-ńä.
Accus.	mo-n-ä	to-n-ä.	so-ä.

---

[1] F. J. Wiedemann, Grammatik der Wotjakischen sprache. Reval 1851.

Singul.

	1.	2.	3.
Elat.	mo-n-eś-t-įm mį-n-eś-t-įm mi-n-įś-t-įm. mį-ś-t-įm.	to-n-eś-t-įd. tį-n-eś-t-įd.	
Ablat.			so-leś.
Instr.	mo-n-en-įm mo-n-en	to-n-en-įd to-n-en-įn	so-in. so-en-įn. so-en-įz.
Abess.			so-tek.

Plural.

	1.	2.	3.
Nomin.	mi	ti	so-yos.
Ad. Gen.	mi-l'a-m	ti-l'a-d	so-yos-len.
All. Dat.	mi-l'e-m-lį mi-l'e-m	ti-l'e-d-lį ti-l'e-d.	so-yos-lį.
Allat. 2			so-yos-ńä.
Accus.	mi-l'e-m-įz mi-l'e-m-ez	ti-l'e-d-įz ti-l'e-d-ez	so-yos-zä. so-yos-įz.
Elat. Abl.	mi-l'e-ś-t-įm	ti-l'e-ś-t-įd	so-yos-lez.
Instr.	mi-l'e-m-įn mi-l'e-m-en	ti-l'e-d-įn ti-l'e-d-en	so-yos-in. so-yos-en-įn.
Abess.			so-yos-tek.

Die casusendungen, welche sich auf diese formen beziehen, sind in der nominaldeclination: Adess. *len.* Allat. *lį*, Allat. 2 *ńä*, Accus. *ä*, *äz*, Elat. *įś*, Ablat. *leś*, Instrum. *en*, *įn*, Abess. *tek*.

Die verschiedenartigen suffixformen:

	1.	2.	3.
Adess. Allat. Ablat.	ä, m	ed, d	ez.
Accus.	m	d	z.
Elat. mit eingeschobenem *t*	tįm	tįd	tįz.
Instr.	įm	įd	įz.

Die zusammensetzung der formen ist hiernach von selbst deutlich. Im plural der ersten und zweiten person kommt ein unbekanntes *la* oder *le* statt der gewöhnlichen pluralbildung *yos* in der dritten vor. Ob das *n, na, ni̯* im adessiv, allativ und accusativ als ein ehemaliges casuszeichen zu betrachten ist, wage ich jetzt nicht zu entscheiden; das vorkommen eines erweiternden *n* in den übrigen singularcasus dieser zwei personen deutet auf das gegentheil hin. Einerseits tritt aber, ebenso wie im Finnischen, ein ähnliches erweiterndes *n* im fragepron. *kin* auch hier auf, andererseits ist es sowohl hier wie in den meisten verwandten sprachen im plural fast vollkommen verschwunden. Ich nehme daher keinen anstand, es auch in der Wotjakischen sprache als eine erweiterung anzusehen. Die dritte person hat ihren stammvocal überall unverändert beibehalten, in den beiden anderen bewährt sich aber im allgemeinen das gesetz des gewichtes. Die längeren pluralendungen haben die gröfste schwächung zu *i* bewirkt; im singular geht den leichtesten casussuffixen ein *o*, den übrigen gewöhnlich ein i̯ voraus. Dies ist härter als *i*, und mag daher als eine geringere schwächung betrachtet worden sein. *O, I* und I̯ aber setzen einen ursprünglicheren laut voraus, aus dem sie alle entwickelt werden können, denn *o* geht in den Finnischen sprachen nicht in *i* und *i* nicht in *o* über. Dieser laut kann kein anderer sein als der urvocal *a*, weshalb wir auch im Wotjakischen als urformen

    1. *ma* 2. *ta* 3. *sa*

betrachten müssen.

6. Das pronomen im Mordvinischen.

Das Mordvinische hat eine gewisse eleganz, eine abrundung in seinen formen ausgebildet, so daſs sie mehr volltönend lauten als ihre schwestern in den verwandten sprachen, mit ausnahme des Finnischen. Dieser den beiden idiomen gemeinsame klassische formsinn macht die verschlingungen der formen durchsichtiger, wodurch ihre elemente von einander leichter zu trennen werden.

Ich berücksichtige hier nur den von Ahlqvist untersuchten [1] Moksha-dialekt, da Gabelentz' darstellung des Ersa-dialektes [2] sich nur auf angaben einiger übersetzer, die weniger zuverlässig sind, stützt. Die pronominalformen der Mokschasprache sind folgende:

Singular.

	1.	2.	3.
Nom.	mo-n	to-n	so-n.
Genit.	mo-ń	to-ń	so-ń.
Dat.	te-in, te-ina mo-ńdi-in, mo-ńdi-nä	te-t to-ńdi-it	te-inza. so-ńdi-inza.
Abl.	mo-ń-de-n mo-ń-dede-n	to-ń-de-t to-ń-dede-t	so-ń-de-nza. so-ń-dede-nza.
Iness.	mo-ń-cį-n	to-ń-cį-t	so-ń-cį-nza [3].
Elat.	mo-ń-ctį-n	to-ń-ctį-t	so-ń-cti-nza [4].
Illat.	mo-ń-zį-n	to-ń-zį-t	so-ń-zį-nza.
Prol.	mo-ń-ga-n	to-ń-ga-t	so-ń-ga-nza.
Präd.	mo-ń-ks	to-ń-ks	so-ń-ks-e-nza.
Carit.	mo-ń-ftįmį-n	to-ń-ftįmį-t	so-ń-ftįmį-nza.
Compar.	mo-ń-ška-n	to-ń-ška-t	so-ń-ška-nza.

Plural.

	1.	2.	3.
Nom.	mi-n	ti-n	si-n.
Genit.	mi-ń mi-ń-didį-nk	ti-ń ti-ń-didį-nṭ	si-ń. si-ń-didį-st.
Dat.	te-ińk	te-inṭ	te-ist.
Ablat.	mi-ń-z-dį-ńk	ti-ń-z-dį-nṭ	si-ń-z-dį-st.
Iness.	mi-ń-cį-ńk	ti-ń-cį-nṭ	si-ń-cį-st.
Elat.	mi-ń-stį-ńk	ti-ń-stį-nṭ	si-ń-stį-st.
Illat.	mi-ń-zį-ńk	ti-ń-zį-nṭ	si-ń-zį-st.
Prol.	mi-ń-z-ga-ńk	ti-ń-z-ga-nṭ	si-ń-z-ga-st.
Carit.	mi-ń-ftįmį-ńk	ti-ń-ftįmį-nṭ	si-ń-ftįmį-st.
Compar.	mi-ń-ška-ńk	ti-ń-ška-nṭ	si-ń-ška-st.

---

[1] Ahlqvist, Versuch einer Mokscha-Mordvinischen grammatik. St. Petersburg 1861.
[2] C. v. d. Gabelentz, Versuch einer Mordvinischen gramm., in Zeitschrift für kunde des Morgenlandes II.
[3] aus: *mo-ń-es į-n, to-ń-es į-t.* [4] aus: *mo-ń-est į-n, so-n-est į-nza.*

Die casusendungen sind: genit. *n*, aber *ń* wenn der auslautsvocal unverändert bleibt; dat. *ti*, in der unbestimmten deklination zusammen mit der genit. *ńdi*; abl. *da*; iness. *sa*; elat. *sta*; ill. *s, sa*; prol. *ga, va*; präd. *ks*; carit. *ftįma*; compar. *ška*. Dabei ist zu bemerken, dafs das auslautende *a* vor personalsuffixen zu *į* übergeht, im abl. zu *e*. Diese letzteren sind:

	Singul.	Plur.
1.	n	ńk.
2.	t	nt̢.
3.	nza	st.

Die bildung der verschiedenen kasus ergiebt sich hieraus leicht. Man wäre beim ersten blick geneigt, das in der ganzen deklination auftretende *ń* zum stamm zu rechnen. Wenn man aber die eigenthümlichkeit des Mokscha-Mordvinischen kennen lernt, dafs in mehreren casus der bestimmten deklination die genitivform mit dem demonstrativpronomen *sä* zusammengesetzt wird, und erst danach die endungen zugefügt werden, so kann man nicht umhin, das verhältnifs auch hier so zu erklären. Es kommen noch spuren von diesem determinirenden *sä* besonders im ablat. und prol. plur. vor, denn *z* ist eine gewöhnliche veränderung von *s*. So erklärt auch Ablqvist das entstehen dieser formen, namentlich den iness. *mońcįn*, wo *es* demonstrativ ist. Die erhärtung von *s* zu *c* findet ihr entsprechendes seitenstück im Syrjänischen ablat. *menćum*. Ubrigens ist der allgemeine genitivcharakter *ń*, der nominativzusatz aber hier *n*, und es existirte für diesen keine nothwendigkeit sich zu verändern, wenn er zum stamme gehörte. Noch mehr wird diese ansicht von dem umstand bestätigt, dafs im Mordvinischen die meisten pronomina durch dergleichen bildungsendungen erweitert sind; z. b. die demonstrativa *to-ma, sta-ma, tafta-ma*, relativ. *ko-na*, interrog. *koda-ma, meza-ma*; im interrog. *kiä* kann der zusatz wegfallen oder verändert werden: iness. *ki-sa* oder *kine-sa*. Auch bei den nomina kommen diese bildungsendungen vor, sonach gänzlich mit dem verhältnisse im Finnischen übereinstimmend.

In bezug auf die verwandlung des stammes bieten die demonstrativpronomina *sä* jener, *tä* dieser beachtenswerthe beispiele. Man kann nämlich bei ihnen eine dreifache abstufung beobachten. Mit dem kürzesten affix, lativ *i*, heifsen sie: *se-i* oder *se*, *te-i*, *te*, ein lautlicher übergang, der sehr natürlich und im Wesen der sprachorgane begründet ist. Der nomin. steht in übereinstimmung mit den genit. *sä-n*, *tä-n*, dativ. *sä-ndi tä-ndi*, und hat höchst wahrscheinlich einem früheren nominativzusatz, wie in *mo-n*, *to-n*, seine vocaltrübung zu verdanken. In einigen formen steht dennoch der *a*-vocal, und der anlaut ist mouillirt: iness. *ia-sa*, *t'a-sa*, comp. *ia-ška*, *t'a-ška*, nom. pl. *ia-t*, *t'-at*; die übrigen casus aber im plural *sä-tnen*, *sä-tnendi* u. s. w. Im allgemeinen liegt also auch hier trübung vor schwereren affixen, und zwar mehr im plur. vor, obgleich das gewichtsverhältnifs nicht näher bestimmt ist. Dies allgemeine princip macht sich nun auch in der deklination der personalpronomina geltend. Sie haben aber alle drei ohne ausnahme für den singular *o*, für den plural *i* gewählt, weil schon die personalsuffixe im plural schwerer sind. Jetzt drückt diese gröfste schwächung schlechthin den pluralen begriff aus, wie man auch im zahlworte *fkä*, eins, sehen kann. Die drei ersten formen des singulars haben, — wie *sä*, — *ä*, die übrigen *a*: *fka-sa*, *fka-sta*, *fka-s*, oder *fkä-t-e-sa*, *fkä-t-e-sta*, *fkä-t-e-s* u. s. w., wo *e* aus *es* stammt. Im plural wird der stammvocal immer *i*: nom. *fi-n-c-t*, aus *fi-n-es* (determinativ) *-t* (nominativzeichen in der unbestimmten deklin.), genit. *fi-n-c-ne-n*, ablat. *fi-n-c-ne-n-es-da* u. s. w., eine sehr verwickelte deklination. Unzweifelhaft ist das *a* in allen diesen veränderungen das zu grunde liegende, wie sie auch nur daraus erklärt werden können; und wir haben wieder eine aussicht in den vergangenen urzustand, wo die schon bekannten *ma*, *ta*, *sa* auftreten.

7. Das pronomen im Tscheremissischen.

Mit der soeben erörterten Mordvinischen sprache bildet die Tscheremissische eine gruppe, welche für die an der Wolga und ihren nebenflüssen wohnenden völker gemeinsam ist. Das Tschuwaschische, das man früher hierher gerechnet, hat sich doch als ein Türkischer dialekt erwiesen [1], weshalb wir es hier nicht zu berücksichtigen brauchen. Ich führe sogleich die betreffenden formen nach Castrén [2] auf:

Singular.

	1.	2.	3.
Nom.	mi-ń	ti-ń	ti-dä.
Gen.	mi-ń-i-n	ti-ń-i-n	ti-dä-n.
Accus.	mi-n-i-m	ti-n-i-m	ti-dä-m.
Dat.	me-län	te-lä-t	ti-dä-län.
Abl.	mi-ń-gic-e-m	ti-ń-gic-e-t	ti-dä-gic.
Superl.	mi-ń-gadŏ-e-m	ti-ń-gadŏ-e-t	ti-dä-gadč.
Instr.	mi-ń-don-e-m	ti-ń-don-e-t	ti-dä-don.

Plural.

	1.	2.	3.
Nom.	mä. l. mä-vülä	tä, l. tä-vülä	ni-nä, ni-nä-vülä.
Genit.	mä-n-mä-n / mä-m-nä-n	tä-n-dä-n / tä-m-dä-n.	ni-nä-n.
Accus.	mä-m-nä-m / mä-n-mä-m	tä-m-dä-m. / tä-n-dä-m	ni-nä-m.
Dat.	mä-lä-nä	tä-lä-dä	ni-nä-län.
Abl.	mä-gic-nä	tä-gic-tä	ni-nä-gic.
Superl.	mä-gadŏ-na	tä-gadŏ-ta	ni-nä-gadč.
Instr.	mä-don-na	tä-don-da	ni-nä-don.

Die hier auftretenden casusendungen sind für: genit. *n*, accus. *m*; dat. *län*, abl. *gic*, superl. *gadč*, instr. *don*; das

---

[1] Vgl. Schott, De lingua Tschuwaschorum. Berolini 1842.
[2] M. A. Castrén, Elementa grammatices Tscheremissae. Kuopio 1845.

pluralzeichen *vülä*. Die personalsuffixe, welche öfters einen bindevocal *e* vorn annehmen, sind:

	1.	2.	3.
Sing.	m	t	że
Plur.	na, nä	da, dä	št.

Das erweiternde *n*, hier *ń*, kommt, wie in mehreren verwandten sprachen, nur im singular der ersten zwei personen vor. Wie es aber die aufgabe hat, dem pronomen eine vollere, mehr hervorragende gestalt oder substantielleren gehalt zu geben, erweist sich aus dem vergleiche mit der dritten person. Hier haben wir nämlich, sowohl im singular als plural, unzweifelhaft mit einer vollständig durchgeführten reduplikation des wortstamms zu thun, von derselben bedeutung, wie es schon bei gelegenheit des Syrjänischen an der Sanskritform *mamat* hervorgehoben wurde. Diese reduplikation tritt noch deutlicher im plural bei der ersten und zweiten person hervor: gen. *mä-n+mä-n*, *tä-n +dä-n*, accus. *mä-m+nä-m*, *tä-m+dä-m*, woraus die anderen formen nur durch einfachen lautwechsel entstanden sind. Noch interessanter ist aber diese erscheinung, und lehrreich zugleich, weil wir dadurch einen neuen einblick in die sprachlichen phänomene werfen können. Es findet sich nämlich bei dieser wiederholung der stammsilbe eine ähnliche schwächung des vocals ein, wie häufig in den Sanskritischen sprachen bei reduplikation der *a*-stämme. So bildet sich aus die wurzel *sthá*, stehen, 1. pers. sg. präs. *ti-šthá-mi* = ἵστημι, ursprünglich *sti-stá-mi*, von wz. *bhar*, tragen schwedisch *bära*, präs. *bi-bhár-mi*; die ganze bildung erweist sich aber als eine spätere entwicklung, denn den wurzeln *dhá* stellen, *dá* geben, und ihren präsensformen *dá-dhá-mi*, *dá-dá-mi*, stehen die griechischen τί-ϑη-μι, δί-δω-μι gegenüber[1].

Es kann kein zweifel obwalten, dafs wir hier mit einer wirklichen reduplikation zu thun haben. Castrén hat

---

[1] vgl. A. Schleicher, Compend. I. 18.

wohl im Samojedischen ein suffix der dritten person *da* nachgewiesen, in allen den näher so genannten Finnischen sprachen aber kommt es nicht vor, im Tscheremissischen selbst ist *da, dä* suffix für die zweite person im plural. Der scheinbare gegensatz in den demonstrativen *se-dä, ti-dä*, als wären verschiedene stämme mit *dä* zusammengesetzt, löst sich vollständig auf, wenn man die formen der prädikat- und possessiv-affixe der dritten person im Tscheremissischen berücksichtigt. Sie lauten nämlich mit einem zischlaut š, ž an, und es ist bekannt wie oft in diesen sprachen ein zischlaut mit *t* abwechselt. *Sedä* und *tidä* sind sonach auf einen gemeinsamen ursprung zurückzuführen, der wie in mehreren anderen sprachen, *ta* oder *sa* gewesen sein mag. Man beobachte übrigens die im wesen des lautlichen processes liegende neigung den vocal auch in der zweiten silbe zu trüben, doch nicht so stark wie in der ersten, und die abwechselung der tenuis und media in den beiden silben. Diese auffassung wird beinahe zur gewifsheit gebracht, wenn man die pluralen formen mit in betracht zieht. Diese sind in allen casus eine regelmäfsige reduplikation von *nä* oder *na*, Finnisch *ne*.

Die vocalveränderung bei den formen der zwei ersten personen hat sich auf *i* für singul. und *ä* für plur. im allgemeinen beschränkt. Die veranlassung zur gröfseren schwächung im vorigen falle dürfte in dem eingeschobenen *ń* liegen, wodurch diese formen schwerer als die pluralen hervortreten. Im dativ, wo dies nicht der fall ist, räumt das *i* einem *e* den platz. Die eigentliche pluralendung *vülä* ist nicht so schwer als sie beim ersten blick scheint, denn *ü* nimmt gern den charakter eines schewa; und somit hat *miń* neben *mävlä* nicht zu viel befremdendes. Nach analogie der oben aufgeführten sprachen bekommen wir auch hier als ausgangspunkte für die entwicklung der pronominalformen 1. *ma*, 2. *ta*, 3. *ta* oder *sa*.

8. Das pronomen im Ungarischen.

Wenn in den bisher erwähnten sprachen die pronominale deklination eine fülle und mannigfaltigkeit von formen aufzuweisen hat, wie sich in den Indoeuropäischen sprachen nichts ähnliches findet, so ist das gegentheil in der Magyarensprache vorherrschend. Die affixe der lokalen verhältnisse sind im laufe der zeit abgeschliffen worden, und nur die exponenten einer mehr geistigen relation, die des genitivs, dativs und accusativs, sind geblieben. Um aber das wohlgefallen an formen gleichsam zu befriedigen, hat das Ungarische einen reichthum von prädikat- und possessivaffixen ausgebildet, welcher es neben die Samojedischen und Türkischen sprachen stellt. Das kommt in den enger so genannten Finnischen aufser hier nicht vor. Die gröfsere abstraktion und geistige freiheit, welche jene entwicklung unzweifelhaft in sich schliefst, wird sonach auf der anderen seite durch diese mannigfaltigkeit ausgeglichen.

Die formen des personalpronomens sind im Ungarischen:

Sing.

	1.	2.	3.
Nom.	ên	te	ô
Gen.	en-y-êm	ti-ê-d	ô-v-ê
Dat.	nek-em	nek-ed	nek-i
Acc.	en-g-em-et	tê-g-ed-et	ô-t-et
	en-g-em	tê-g-ed	ô-t

Plur.

	1.	2.	3.
Nom.	mi	ti	ô-k
Gen.	mi-ê-nk	ti-ê-tek	ô-v-ê-k
Dat.	nek-ûnk	nek-tek	nek-ik
Acc.	mi-nk-et	ti-tek-et	ô-k-et.

Eine ganz eigenthümliche form hat das pronomen der ersten person im singular. Nach der art der anderen, hierher gehörenden sprachen wäre man geneigt, das *n*, *ṅ* (*ny*), *ng*, als den gewöhnlichen erweiterungszusatz, und den charakterbuchstaben der ersten person *m*, der noch im plural hervortritt, als abgefallen zu betrachten. Im Ungarischen giebt es auch wirklich eine weise nomina zu bilden durch hinzufügung von *n*, *ń*, *g* u. s. w. zur wurzel oder zu einem wortstamm. Es sprechen jedoch mehrere umstände gegen eine derartige annahme. Erstens findet man das *n* nur bei der ersten person, obgleich es in allen übrigen sprachen, wo es vorkommt, in gleicher weise auch bei der zweiten person auftritt, wie dies hier mit dem *g* im accusativ der fall ist. Im letztgenannten casus der zweiten person wäre die beste gelegenheit gewesen, das *n* einzuschieben, wenn es nur zusatz wäre; statt dessen aber hat man den vocal verlängert. Man kann auch keine hinreichende erklärung für die ursache eines solchen wegwerfens des anlauts aufstellen. Einige wörter hat man wohl im Ungarischen, wo diese erscheinung eintritt, z. b. *hal* sterben, *öl* tödten, die unzweifelhaft aus einer, auch mit dem Finnischen *kuol-en*, sterben, gemeinsamen wurzel stammen. Hier aber galt es nicht eine derartige modificirung der bedeutung herbeizuführen, und *me*, *miéd*, *mégemet* hätten gewiſs in übereinstimmung mit *te* u. s. w. stehen können. Die form *äm* im Wogulischen bildet gleichsam eine mittelstufe zwischen *me* und *én*, wie häufig das *m* am schlusse eines wortes in *n* übergeht. Mit Castrén[1] bin ich daher der ansicht, daſs hier eine lautversetzung vor sich gegangen und die ursprüngliche gestalt *me* gewesen ist, von der „der plural *mi* ganz auf dieselbe weise gebildet wird, als in der zweiten person vom singular *te* der plural *ti*". Uebrigens geschieht die deklination mit hülfe der personalaffixe, welche hier für den singular sind: 1. *m, em* 2. *d, ed* 3. *i*; für den plural: 1. *nk, ünk* 2. *tek* 3. *k, ik*. Die casusaffixe sind für den genit. *é*, dativ *nek*, accusativ *et* oder *t*, das bisweilen doppelt gesetzt wird, wie im *ö-t-et*. Die mit dem pluralzeichen *k* zusammengesetzten personalaffixe des plurals bewirken eine gröſsere schwächung, mit ausnahme des gen.

---

[1] Ueber die personalaffixe s. 190.

sing. *tiéd*, welcher nach der nominalen deklination *tedé* heifsen müfste. In der form für die dritte person *ŏ* findet man einen verwandten des Türkischen *o*, Mandschuischen *i* (welches geradezu als suffix der dritten person im Ungarischen vorkommt), und dem ersten elemente des schon erwähnten Burjätischen *ŏ-hŏn*. Die nominale deklination vermeidet oft den hiatus zweier vocalen durch ein eingeschobenes *v*, hier wird dies aus der vocalpotenz genommen, und es entsteht die form *ŏvé*, nicht *ŏvê*. Neben *ŏ* stellt sich übrigens das pronomen der anrede *ŏn*, dem Mongolischen *ene* u. a. ähnlich.

Wie die pronominal- und suffix-formen jetzt vorliegen, treten die charakter-buchstaben nur für die erste und zweite person unmittelbar hervor, als *m* und *t*. Die dritte hat den erwähnten vocal *ö*, und als affix abwechselnd die vocale *a, e, i* einfach, oder mit anlautendem *y*; in der passiven deklination kommt *k* als personalzeichen vor. Dies alles sind aber erscheinungen denen ähnlich, welche bei der darlegung des Finnischen *hän* oben hervorgehoben wurden. Dort mufste ein ursprüngliches *san, sin* für die Türksprachen angenommen werden, das als ein vermittelndes glied zwischen den mannichfaltigen formen des Mongolischen, Türkischen, Tatarischen stand. Das anlautende *s* ging bisweilen in aspiration oder *h* über, das sich wieder zum *k* erhärtete, oder gänzlich wegfiel. Nur so können auch im Magyarischen die verschiedenen formen zusammengestellt werden. Das *y* gilt dem ganzen sprachstamm als eine aspiration, und wechselt zunächst in dieser sprache öfters mit h ab. Diesem *h* entspricht in einigen Ungarischen wörtern einerseits *s*, andererseits *k*; dafs es endlich ganz verschwinden kann, haben wir schon gesehen. Diese von einander abweichende formen scheinen daher auf ein früheres *s* als charakter für die dritte person hinzudeuten. Was den vocal betrifft, so machen die vielen suffixformen eine wahl zwischen mehreren möglich. Wie man aber bei den jetzigen demonstrativen *ez, ezen* dieser, *az, azon* jener gar nicht zweifeln kann, dafs sie beide, in bedeutung und form, auf *as* zurückzuführen sind, so muſs man auch beim pronomen und den suffixen *a* als den urlaut, als die ursprünglichste und natürlichste vocalisation des pronomens betrachten. Die bekannten *ma, ta, sa* machen dann auch vom Magyarischen standpunkt den anfang der verschlungenen entwicklung aus.

9. Das pronomen im Ostjakischen.

In der reihe der hier betrachteten Finnischen sprachen bildet das Ostjakische, wie geographisch, so auch in grammatischer und lexikalischer hinsicht das am fernsten liegende glied. In keiner von diesen herrscht auch mehr diese flüssigkeit der sprachlaute, welche die auffallendsten veränderungen zuläſst. Castrén sagt hierüber, daſs in den verschiedenen dialekten die consonanten ebenso willkürlich wechseln wie die vocale[1]. Man findet daher im allgemeinen in dieser sprache alle diejenigen gesetze der lautverwandlung repräsentirt oder angedeutet, welche sich im ganzen sprachstamm kundgeben. Besondere beachtung verdient das oft feine gefühl, das in der vokalisation und den lautübergängen hervortritt; ein auslautendes *a* geht in *e* oder *i* über, ein consonant im schlusse wird bald verhärtet, bald erweicht, je nach einwirkung der übrigen consonanten.

Da Castrén in seiner arbeit über das Ostjakische nur das pronomen der Irtysch-dialekt besonders hervorhebt, gilt die darstellung auch hier bloſs diesen. Die casusendungen im Irtysch-dialekt sind: dativ *a, e*; loaktiv *na, ne, n*; abl. *iwet, enh*, bei den pronomina aber *att*; Instrukt. *at, nat*, beim pronomen treten zwei casusendungen auf einmal auf: *ad-at* mit suffix dazwischen; im pronomen kommt noch ein besonderes accusativzeichen *t, at, et* vor. Der pluralcharakter ist gewöhnlich *t*, tritt aber in der dritten person des pronomens als *g* hervor; der des

---

[1] Castrén, Versuch einer Ostjakischen sprachlehre s. 19.

duals *gan*, *ḱan*, *kan*. Die pronominale deklination nimmt auch im Ostjakischen in mehreren casus suffixe an. Ich führe hier nur diejenigen auf, welche vorkommen:

	1.	2.	3.
Sing.	em	en	et, ed.
Dual.	emen	eden	eden.
Plur.	em, en.	eden, ed.	et, ed.

Nach diesen andeutungen ist die ganze deklination bis auf die vocalveränderungen klar und verständlich. Die formen derselben sind, nach der früheren methode in ihre elemente zertheilt, folgende:

Sing.

	1.	2.	3.
Nom.	ma	ne-ṅ	teu
Accus.	ma-n-t	ne-ṅ-at	tew-at
Dat.	me-n-em / ma-n-t-em.	ne-ṅ-en	tew-et
Lok.	ma-na	ne-ṅ-na	teu-na.
Ablat.	ma-att-em	ne-ṅ-att-en	tew-att-et
Instr.	ma-ad-em-at	ne-ṅ-ad-en-at	tew-ad-ed-at.

Dual.

	1.	2.	3.
Nom.	mî-n	nî-n	tî-n.
Acc.	mî-n-at / mî-n-et	nî-n-at / nî-n-et	tî-n-at
Dat.	mî-n-emen	nî-n-eden	tî-n-eden.
Lok.	mî-n-na	nî-n-na	tî-n-na.
Ablat.	mî-n-att-emen.	nî-n-att-eden.	tî-n-att-eden.
Instr.	mî-n-at-emen-at.	nî-n-ad-eden-at.	tî-n-ad-eden-at.

Plur.

	1.	2.	3.
Nom.	me-ṅ	ne-ṅ	te-g
Accus.	me-ṅ-at	ne-ṅ-at	te-g-at
Dat.	me-ṅ-ew-a	ne-ṅ-ed-a	te-g-et
Lok.	me-ṅ-na	ne-ṅ-a	te-g-na
Abl.	me-ṅ-att-em	ne-ṅ-att-eden	te-g-att-et
Instr.	me-ṅ-ad-ew-at	ne-ṅ-ad-eden-at	te-g-ad-ed-at.

Auch in dieser sprache findet man das stammerweiternde *n*, zunächst in dieser allgemeinen gestalt an mehreren formen des ersten personalpronomens, an allen personen und casus des duals. Diese gemeinschaftlichkeit in seinem gebrauch legt seinen charakter vollkommen dar, als den eines *allgemeinen zusatzes*, von nur phonetischer oder lieber verstärkender bedeutung. Als solcher wechselt es in der zweiten person singul. mit *ṅ*, in der dritten mit *u*, welche beide, sammt vielen andern buchstaben, als erweiterungszusätze gebraucht werden können. Unsicher ist dagegen, ob nicht das *ṅ* im plural vom einfluſs eines früheren pluralzeichens *g*, das noch in der dritten person vorkommt und in den jetzigen dualendungen *gan, kan* beibehalten ist, herstammt. Weil nun aber dies *n* ganz denselben werth hat, wie andere unwesentliche, phonetische anhängsel, so kann man es auch nicht als dem stamm angehörig betrachten. Es wird sogar im abl. und instr. weggeworfen, obwohl dadurch ein hiatus entsteht.

Die anlautsconsonanten der ersten und dritten person sind dieselben wie in mehreren Finnischen sprachen: *m* und *t*. Was die zweite person betrifft, weicht das *n* von den übrigen sprachen ab. Betrachtet man aber die suffixformen des duals und plurals, so tritt hier überall *d* oder *t* auf[1]. Wie es nun im allgemeinen der fall ist, daſs die suffixe den ursprünglicheren consonantencharakter aufbewahrt haben, so muſs man es auch hier annehmen. In der that können *t* und *n* im ganzen sprachstamm wie im Ostjakischen mit einander wechseln, und die veranlassung dazu hat das bedürfniſs, die zweite und dritte person auch lautlich zu unterscheiden, gegeben. Wir bekommen daher die charakterbuchstaben *m, t, t*, das letzte vom demonstrativum *ta,* jener, herstammend.

Schon am anfang dieser untersuchung habe ich die interessante, dem Ostjakischen besonders eigenthümliche veränderung des stammvokals erwähnt, und diese als eine

---

[1] vgl. Castrén, Ueber die personalaffixe s. 192, 194.

schwächung der vokalpotenz aufgefaſst, um so stärker je länger der zusatz zum worte war. Dieser zug geht durch die ganze vokalisation der sprache, was die veränderungen des endsilbenvokals betrifft, und die stufenfolge der entwicklung von *a* zu *e* und *i*, *i*, und wieder von *a* zu *o* und *u*, bewährt sich immerwährend. Es ist daher kein zufall, wenn dieser wechsel auch den wortstamm selbst berührt, kein zufall, daſs man *ámp*, hund, sagt, aber *impem* mein hund, *lĕk* spur, *likam* meine spur, *pôm* gras, *pŭmem* mein gras, und so auch *kádn* zwei, *kimet* der zweite. Nach diesem gesetz sind auch die verschiedenheiten des wortstammvokals im pronomen zu beurtheilen. Hier, wie im Finnischen, zeigt sich noch die ursprüngliche gestalt *ma*, aus der die entwicklung begonnen hat, erhalten, obwohl auch in den indirekten casus ein zusatz folgt; aus welchem grunde, kann nicht ermittelt werden. Es ist hierbei doch nicht ohne bedeutung, daſs die endung oder die zusätze überhaupt sich abgeschwächt haben, wo der ursprüngliche vokal noch dasteht: so *man-t* gegen *neṅ-at*, *ma-na* oder *man-a* (das eine *n* ist weggeworfen) *neṅ-na*, ma-attem ne-ṅ-atten u. s. w. Im dativ aber tritt dieselbe schwächung bei gleicher endung ein, obgleich daneben ein ungewöhnlich gebildetes *mantem* steht. Ist hiernach das verhältniſs zwischen *a* und *e* festgestellt, so ist es schwerer zwischen dem pluralen *e* und dualen *i* zu entscheiden; man hätte das *i* im plural erwartet, weil dieser numerus gewöhnlich die gröſste schwächung hervorruft. Einige formen sind wohl im dual schwerer, andere aber treten vollkommen ähnlich auf. Wie dies nun auch sein mag, und ob hier früher die schwere dualendung ihre wirkung ausgeübt hat, so viel steht fest, daſs die schwächung jetzt bestimmte vocale für beide numeri ausgewählt hat, und sonach ein übergang zur numeralbezeichnung durch umlaut vorhanden ist. Nach allem, was angeführt ist, kann man sicherlich hier als urformen der Ostjakischen personalpronomina *ma*, *ta*, *ta* aufführen, denn auch die suffixe der zweiten und dritten person lauten bisweilen *da*, *ta* (*ń* ist ein zusatz), und das demonstrativum, das unzweifelhaft die dritte person war, lautet ebenso *ta*.

Leider bin ich nicht in der lage das verwandte Wogulische hier aufzuführen. Aus Hunfalvys darstellung geht hervor, dafs es eine noch ursprünglichere stufe einnimmt[1].

Uebersicht.

Wir haben das gebiet des personalpronomens in den Finnischen sprachen durchwandert. Ausgangspunkt und schlufs bildeten dabei die hier als ursprünglich betrachteten formen, im Finnischen sogar neben mehr entwickelten erscheinend, wodurch das vergleichen erleichtert wurde. Alle mittelstufen weisen auch, sei es durch die verschiedene vokalisation der formen, oder die ähnlichkeit mit anderen in derselben weise zusammengesetzten pronomina, darauf hin, dafs wir es mit späteren bildungen zu thun haben, welche nur aus einer grundform *ma*, *ta*, *sa* genügend erklärt werden können.

Ich mufs hier eine andere ansicht über die veränderungen des pronominalstammes im plural näher erörtern, weil sie für die gegenwärtige untersuchung vom gröfsten gewicht ist, und wenn wahr, die beweiskraft derselben beträchtlich schwächt. Es ist dies eine von prof. Boller in einer seiner vortrefflichen abhandlungen, veröffentlicht in den sitzungsberichten der Wiener Akademie, ausgesprochene ansicht über das pluralzeichen in den Finnischen sprachen[2]. Er nimmt nämlich an, dafs die formen *mi*, *ti* dadurch entstanden sind, dafs der pronominalstamm mit dem auch anderswo auftretenden zeichen des plurals, *i*, zusammengeschmolzen sei. In der that kommen eben diese

---

[1] Hunfalvy Pál, Magyar Akademiai Értesítő. 1859.
[2]. Die deklination in den Finnischen sprachen, in Sitzungsber. bd. XI, 1853 s. 960.

formen als plurale nominativen im Syrjänischen, Wotjakischen, Magyarischen (im Mordvinischen *min*, *tin*) vor, als gegensätze zu den singularen *me*, *te*, *mon*, *ton*, wie Boller nachgewiesen hat, und auch im Lappischen ist dies der fall. Nun ist zwar das eigentliche pluralzeichen für die meisten idiome des ganzen stammes *t* oder *k*. In den übrigen, indirekten casus der genannten westfinnischen sprachen (Suomi, Lappisch, Estnisch) ist an die stelle des consonantischen exponenten ein vocalischer, *i*, getreten, der sich übrigens auch in den verwandten sprachen nachweisen läfst[1]. Wäre hiernach dies *i* als der ursprung der verschiedenen pronominalbildungen anzusehen, so stünde es gewifs schlecht mit der in dieser arbeit versuchten erklärung. Noch gewichtigere gründe stellen sich aber einer solchen annahme in den weg. Ich will darauf kein grofses gewicht legen, dafs mehrere sprachen schon durch die dem plural beigefügten personalsuffixe den numerus hinlänglich bezeichnet haben, und dafs z. b. in den Magyarischen genitiven *tié-d*, *tié-tek* die verschiedenheit der zahl *nur durch das suffix* ausgedrückt wird. Wichtiger scheint es mir, dafs aufser oder neben diesem *i* häufig die spur eines anderen pluralzeichens sich nachweisen läfst. So treten im Syrjänischen die meisten casus mit einem *ya* bereichert auf. Nur einmal zeigt sich dies *ya* im singular, aber dann mit *na* abwechselnd, sonach dort eine in dieser sprache bisweilen vorkommende verstärkung. Warum findet sie sich aber so oft im plural wieder? Man braucht nur das gewöhnliche pluralzeichen *yas* zu kennen, um das *ya* sofort mit diesem hier in allernächsten zusammenhang zu ziehen; im dat. plur. wechseln die formen *na-ya-lü* und *sü-yös-lü*. Im Lappischen tritt dies noch deutlicher hervor, zumal seine entstehung aus dem pluralen *k* bewiesen wird. In der schriftsprache heifst nämlich der allat. plur. *mi-ǵ-idi*, *si-ǵ-idi*; im Vefsen-dialekt dagegen hat der plural überall ein *ye*, *ǵ*, *ǵe*, das unzweifelhaft aus dem *k* entstanden ist.

---
[1] Boller l. c.

Besonders aber ist hervorzuheben, daſs der *i*-vocal auch im singular vorkommt, und zwar in den sprachen, in welchen er entschieden als pluralcharakter gilt. Das pluralzeichen im Wotjakischen ist *yos*. Wollte man nun das schon erwähnte *ya* z. b. im Syrjänischen *mi-ya-n* blos als eine erweiterung des in *mi* steckenden pluralzeichens ansehen, als einen leeren nachhall des lautes, wie es bisweilen im Sanskrit vorkommt, so hätten sicherlich auch die pluralformen des Wotjakischen sich desselben bedient, um dadurch eine gröſsere übereinstimmung mit dem gewöhnlichen pluralzeichen zu gewinnen. Das ist aber keineswegs der fall. Andererseits hat der singular bisweilen i, was wegen der ähnlichkeit mit der mehrzahl vermieden werden sollte. Das Finnische stellt sich wo möglich noch entschiedener der erwähnten annahme entgegen. Wie kann der singular *i* haben und der plural *e*? Wenn der stammvocal des plurals in den übrigen sprachen wirklich *wegfiele*, und sich nicht nach dem gewicht verschiedener endungen bloſs modificirte, so dürfte wohl dies besonders im Finnischen geschehen, wo ein auslautendes *e* immer vor *i* wegfällt. Hier bleibt aber das *e* im ganzen plural vor *i*: *me-idän*, *me-illä* u. s. w.; umgekehrt hat der singular *mi--nun*, *mi-nulla* und so fort. Auch die Tscheremissische sprache hat diese eigenheit aufzuweisen. Die pluralbildung geht von einem stamme *mä*, *tä* aus, die singulare von *mi*, *ti*, obwohl auch hier *yas* als gewöhnliches pluralzeichen auftritt. Sieht man, wie Castrén, das *s* als eigentlichen charakter an[1], mit dem Lappischen *h*, Finnischen *t* verwandt, so wären hier entweder zwei pluralzeichen, das erste mit einem halbvocale *y*, und der pronominalstamm hätte dennoch im plural kein *i*, oder das *ya* wäre ein bloſser erweiterungszusatz, und sonach keine veranlassung vorhanden, den pluralen vocal zu *i* zu machen. Zugleich aber würde man dem *y* des pluralcharakters im Syrjänischen *yas*, Wotjakischen *yos* alle wesentliche

---

[1] Elementa gramm. Tscherem. s. 23.

bedeutung absprechen, sie konnten daher in keiner weise den abfall des wortstammvocals bewirken. Und von einer anderen seite betrachtet ist es kaum möglich zu begreifen, wie die Mordvinischen und Lappischen formen *mon, ton* im plural *mi, ti* oder *min, tin* heifsen könnten. Es ist nämlich ein allgemeines gesetz im ganzen sprachstamm, dafs diese harten vocale nicht einmal im auslaut, wo sie doch mit geringerem nachdruck stehen, verändert oder weggelassen werden. Als innerer procefs der lauttrübung aufgefafst, erklärt sich der vorgang viel leichter.

Es gehört eigentlich zum zweiten theile dieser untersuchung, das verhältnifs der lautverschiebungen auf Asiatischem gebiet darzulegen. Es sei mir aber hier auch nur ein flüchtiger blick in die ferne gegönnt, um dadurch ein helles und aufklärendes licht über die bisherige entwicklung zu werfen. Wie könnte man von dem erwähnten standpunkte aus formen mit *a* im plural, gegenüber solchen mit *i* im singular erklären, wie z. b. in der Burjätischen zweiten person *ši, šińi* plur. *ta, tanai*? Was aber der ganze vorgang der veränderung in sich trägt, was eigentlich ihre bedeutung und auch die art ihrer entstehung ist, das liegt in den personalformen des Tungusischen so klar vor, dafs ein mifsverständnifs unmöglich ist. Dort sind nämlich *alle casus des singulars denen des plurals vollkommen entsprechend, nur der stammvocal ist ein anderer*. Gegen *bi* ich, *mińi, mindu, minäwä, minduli* zeigt daher der plur. *bu, muńi, mundu, munäwä, munduli* u. s. f. regelmäfsig durch alle casus der beiden ersten personen. Die dritte person unterscheidet in gleicher weise die zahl durch wechsel eines consonanten: *nuńan* er, *nuńar* sie, abl. *nuńanduk*, plur. *nuńarduk*. Es ist ein consequent durchgeführter umlaut des stammvocals, der auch nicht vom einflufs eines vocalischen numeralzeichens bewirkt sein kann, weil es ein solches nicht giebt. Warum aber der singular *i*, der plural *u* hat, ist hier nicht der ort zu untersuchen. Diese thatsache und der vorgang bei der dritten person stellen es fest, dafs der zahlunterschied durch sogenannte innere abwandlung bezeichnet wird.

Wie daher die hier entwickelte auffassung, auch nach dieser richtung hin, als die natürlichste erscheint, so hat sie sich überhaupt im Finnischen, was die stufen der vocaltrübung betrifft, am deutlichsten gezeigt. Wir sahen dort eine fülle verschiedener formen, wie sie sich in keiner anderen sprache dieses stammes wiederfindet, und in allen war das gewichtgesetz beobachtet worden. Das Finnische steht sonach an der Spitze der ganzen reihe, und die anerkennenden worte Boller's, die er über die deklination ausspricht, finden auch hier ihre anwendung: „Die einzelnen bildungen fallen so offenbar mit der in voller durchsichtigkeit in Suomi zu tage tretenden, inneren sprachform zusammen, dafs es unmöglich ist, in ihnen ein ursprüngliches unmittelbar aus dem schöpfungsacte des sprachgeistes hervorgegangenes zu verkennen" [1]. Versuchen wir uns ein bild des zustandes zu entwerfen, der im ganzen Finnischen zweige vorherrschend war, ehe die einzelnen sprachen sich von einander getrennt hatten, so sehen wir erstens, dafs diese urfinnische sprache dem pronominalstamm einen zusatz zu geben geneigt war, und dafs sie eine entschiedene vorliebe für ein *n*, *ń* hatte. Es scheint doch, als ob dies *n* gewöhnlich nur für den singular gebraucht worden sei, denn in den meisten sprachen findet es sich nur dort, sei es, dafs der pluralzusatz es überflüssig machte, oder aus irgend einem anderen grunde. Auf der anderen seite beweist die verschiedene vocalisation, die doch auf ein gemeinsames gesetz zurückgeführt werden kann, dafs eine derartige vocalwandlung dieser urfinnischen sprache nicht unbekannt sein konnte, obwohl sie es noch nicht selbst völlig und consequent durchgeführt hatte. Und eben in dieser hinsicht steht das Finnische im vordergrunde, da es dies princip angenommen und in durchsichtiger klarheit entwickelt hat. Wir können vielleicht in den vielen formen

---

[1] Boller, Die deklination in den Finn. sprachen. Sitzungsb. XII s. 185.

des Finnischen eine andeutung sehen, dafs die gemeinsame muttersprache der Ugrier, der Wolga- und der Dwina-Finnen, sammt der Lappländer und der Suomalaiset ebenso einen reichthum der formen aufzeigte, in welchem die vocalbestimmung nach vielen richtungen hin schwankte.

Ohne daraus weitere schlüsse für jetzt ziehen zu wollen, scheint es doch merkwürdig, dafs sonach die ursprünglichen formen der personalpronomina gerade mit denen der Indoeuropäischen sprachen, *ma*, *tva* oder *tu*, *ta*, zusammenfallen. Und ganz wie in den Finnischen sprachen wechselt auch hier der anlautsconsonant der zweiten und dritten person, indem er bisweilen als *t*, bisweilen als *s* auftritt.